NATÜRLICH NRW

12 Familientouren im Grünen

Bernd Pieper

NATÜRLICH NRW

12 Familientouren im Grünen

J.P. BACHEM VERLAG

Die Adressen und Angaben im Serviceteil des Buches wurden vom Autor sorgfältig recherchiert und vom Verlag geprüft. Wir bitten um Verständnis, dass Verlag und Autor keine Garantie für die Richtigkeit der Angaben übernehmen können. Für Korrekturhinweise sind wir sehr dankbar.

Bibliografische Information der Deutschen Nationalbibliothek
Die Deutsche Nationalbibliothek verzeichnet diese Publikation in der Deutschen Nationalbibliografie; detaillierte bibliografische Daten sind im Internet über *https://portal.dnb.de* abrufbar.

1. Auflage 2018
© J.P. Bachem Verlag, Köln 2018
Lektorat: Frauke Severit, Berlin
Layout: Cindy Kinze, Köln
Layoutumsetzung: Heike Unger, Berlin
Karten: Geoinformationen © Outdooractive
© GeoBasis-DE / BKG 2018
© OpenStreetMap (ODbL) – Mitwirkende
(www.openstreetmap.org/copyright)
Druck: Grafisches Centrum Cuno, Calbe
Printed in Germany

ISBN 978-3-7616-3263-5 Buchausgabe
ISBN 978-3-7616-3308-3 EPUB
ISBN 978-3-7616-3309-0 PDF
ISBN 978-3-7616-3310-6 MOBI

Aktuelle Programminformationen finden Sie unter
www.bachem.de/verlag

Auch als

erhältlich

Mit dem Ranger durch das Sauerland

INHALT

Im Wurmtal bei Aachen

In der Urdenbacher Kämpe

Wussten Sie, dass fast die Hälfte der Fläche Nordrhein-Westfalens grün und sogar ziemlich wild ist? Es ist wahr: Im bevölkerungsreichsten Bundesland liegen attraktive Ausflugziele zum Glück fast vor der Haustür. Weitläufige Auenlandschaften, Torfmoore, Schluchten und Täler gehören zu NRW genauso wie prächtige Wälder, sanfte Gebirgszüge und saftige Sommerwiesen.

Mit diesem Naturerlebnisführer in der Hand können Sie bereits eine Menge über die vielen Naturerlebnisse erfahren, an denen unser Land reich ist. Noch mehr erfahren Sie natürlich, wenn Sie uns mit Ihrer Familie besuchen kommen – für einen Kurztrip am Wochenende oder einen Tagesausflug mit der Bahn oder dem Auto. Dank des gut ausgebauten Verkehrsnetzes ist es ein Leichtes, die Ausflugziele zu erreichen und schnell in das wilde, wunderbare Grün eintauchen zu können.

Ob Sie einen kleinen oder großen Naturerlebnis-Urlaub mit Ihrer Familie planen, in NRW werden Sie auf der Suche nach unvergesslichen Naturerlebnissen mit Sicherheit fündig. Ich wünsche Ihnen und Ihrer Familie viel Freude bei der Lektüre dieses Buches und hoffentlich bald in unseren Regionen.

Dr. Heike Döll-König
Geschäftsführerin Tourismus NRW e. V.

Über dieses Buch

Die Landschaften Nordrhein-Westfalens sind ungemein vielfältig – von den grünen Hügeln der Eifel und des Bergischen Landes über die Flusslandschaften am Niederrhein und die Ebenen des Münsterlandes bis zu den großflächigen Waldgebieten im Sauerland. Und überall in unserem Bundesland gibt es zahlreiche, mitunter überraschende Naturattraktionen: Flamingos in der deutsch-niederländischen Grenzregion, Wisente im Rothaargebirge, regelmäßig überflutete Flussauen mit spezialisierter Flora und Fauna in der Landeshauptstadt, wilde Tiere und Pflanzen auf Industriebrachen im Ruhrpott, mit Siegen-Wittgenstein die waldreichste Region im gesamten Bundesgebiet.

Auf seine derzeit mehr als 3.200 Naturschutzgebiete, rund 550 Gebiete des europäischen Schutzgebietssystems „NATURA 2000", den Nationalpark Eifel, etwa 100 Wildnisgebiete und zwölf Naturparke kann Nordrhein-Westfalen mit Fug und Recht stolz sein. Auch die Artenvielfalt ist mit mehr als 43.000 verschiedenen Pflanzen-, Pilz- und Tierarten bemerkenswert.

Mit diesem Buch wollen wir insbesondere Familien dazu einladen, die oft direkt vor der Haustür liegenden Naturschätze in zwölf Regionen Nordrhein-Westfalens zu entdecken. Für einen Wochenendausflug haben wir jeweils eine vielseitige Tagestour sowie weitere Tipps zusammengestellt, bei denen garantiert keine Langeweile aufkommt. Alle im Buch aufgeführten Hinweise sind ausdrücklich als Vorschläge und Anregungen für eine an individuellen Vorlieben ausgerichtete Tourengestaltung gedacht, bei der sämtliche Familienmitglieder auf ihre Kosten kommen.

Für jede und jeden ist etwas dabei, und auch für jede Jahreszeit. Vogelfreunde besuchen die Landschaft am Niederrhein vorzugsweise im Winter, wenn Zehntausende Gänse aus ihrer nordischen Heimat in ihre Winterquartiere einfliegen. Fans großer Tiere fahren ins

Siegerland zu den Wisenten oder nach Dülmen, um die Wildpferde im Merfelder Bruch zu bewundern. Besuchern des Großen Torfmoors laufen an nebligen Herbsttagen wohlige Schauer über den Rücken, im Frühjahr können sie die leuchtend blauen Männchen des Moorfroschs beim Balzgeschäft beobachten. Und im Nationalpark Eifel dürfen Wanderer auf dem Wildnis-Trail schon heute auf manchen Abschnitten unberührte Natur erleben.

Wer Natur und Umwelt schützen will, sollte für die Anfahrt öffentliche Verkehrsmittel benutzen. Wo das möglich beziehungsweise sinnvoll ist, wird die Anreise mit Bus und Bahn vom nächsten größeren Bahnhof aus beschrieben. Einkehrtipps sowie ein Übernachtungsvorschlag für jedes Zielgebiet runden dieses Buch ab.

Der Schwarzstorch ist ein heimlicher und seltener Bewohner der Wälder in Nordrhein-Westfalen.

TOUR 1

LANDSCHAFT AUS
WALD UND WASSER

Unterwegs im Nationalpark Eifel

Der Nationalpark Eifel, nur gut 60 Kilometer vor den Toren der Metropole Köln, erstreckt sich auf einer Fläche von etwa 11.000 Hektar über die Naturräume der Rureifel und der westlichen Hocheifel. Die Rur und ihre Nebenbäche prägen diese „Wildnis aus Wald und Wasser". Eine Fahrt mit dem lautlos über die Seen gleitenden Elektroboot bietet ganz neue Perspektiven auf das scheinbar endlose Walddickicht.

Im Nationalpark wurden bis heute mehr als 2.000 bedrohte Tier- und Pflanzenarten nachgewiesen. Dazu gehören so scheue Seltenheiten wie Wildkatze oder Schwarzstorch, aber auch mit rund 1.000 Tieren eine der größten Rothirschpopulationen in Europa. Im Herbst können Familien die Brunftzeit der gewaltigen Tiere auf der Dreiborner Hochfläche beobachten, ein einmaliges Naturschauspiel.

Die Narzissenwiesen in den Bachtälern sind im Frühjahr ein Genuss für Naturfreunde und Ästheten, ebenso wie die Ginsterblüte im Frühsommer auf der Dreiborner Hochfläche. Am besten „erläuft" man sich den Nationalpark auf den vier Etappen des Wildnistrails, die zwischen 18 und 25 Kilometer lang sind, allein oder in Begleitung eines kundigen Nationalpark-Waldführers. Alle wichtigen Informationen zum Nationalpark gibt es in den „Nationalpark-Toren" in Simmerath-Rurberg, Schleiden-Gemünd, Heimbach, Monschau-Höfen und Nideggen.

Wildkatze

Vogelsang IP und Wilder Kermeter

Blick auf Vogelsang IP und den Urftstausee

Wildnis in Deutschland? Die gibt es doch gar nicht, davon kann man bei uns doch höchstens träumen ... Träumen darf man immer, aber es gibt selbst in einem dicht besiedelten Land wie Nordrhein-Westfalen Orte, an denen wir der unberührten Natur näher kommen können. Dazu gehört mit Sicherheit der Nationalpark Eifel, wo spätestens im Jahr 2034 rund drei Viertel der Gesamtfläche sich selbst überlassen werden, getreu dem Motto „Natur Natur sein lassen".

Kann es also eine bessere Einstimmung zum Besuch des Nationalparks geben als die Erlebnisausstellung „Wildnis(t)räume"? Die steht auf einer Fläche von rund 2.000 Quadratmetern im Nationalpark-Zentrum Eifel in Vogelsang IP – Internationaler Platz und ist unser erstes Ziel. Hier, auf der ehemaligen NS-Ordensburg, wo einst die Nationalsozialisten dem Parteinachwuchs ihr menschenverachtendes Weltbild vermittelten und später britische und belgische Truppen Manöver abhielten, wächst seit 2006 ein Ort der Verständigung und Kommunikation, ein Sinnbild für Toleranz, Vielfalt und ein friedliches Miteinander. Neben den „Wildnis(t)räumen" wartet im Besucherzentrum im Forum Vogelsang IP

17

eine Ausstellung zur NS-Vergangenheit der Burg mit verschiedenen thematischen Führungen. Außerdem gibt es
ein ehemaliges Truppenkino im Stil der 1950er-Jahre mit
etwa 1.000 Plätzen sowie zahlreiche weitere Angebote
für die Besucher.

Eine Ausstellung als Erlebnis

Wir aber sind heute vor allem wegen der Erlebnisausstellung hier. Die erreichen wir durch das Besucherzentrum im Forum Vogelsang IP – und sind beim Rundgang
durch die zwei Stockwerke schon nach wenigen Schritten begeistert. Die Vielfalt der Naturräume im Nationalpark, die dynamische Entwicklung der Buchenwälder sowie die außergewöhnlichen Fähigkeiten von Tieren und
Pflanzen werden hier überaus lebendig vermittelt. Wir
dürfen und sollen mitmachen, an Hörstationen, tastba-
ren Landkarten und interaktiven Spielen. So verstehen
wir an einem nachgebauten Spinnennetz, zu welchen
beeindruckenden Leistungen diese faszinierenden Tiere
fähig sind. Ein echtes Spinnennetz hätten wir vermutlich
nicht angefasst ...

1–3
*Impressionen
der Ausstellung
„Wildnis(t)räume"*

Jüngere Besucher finden vor allem die lebensechten Tierpräparate spannend. Von der aufwendigen Inszenierung „Zauber der Wildnis" lassen wir uns alle gern verzaubern, und im Bereich „Weltweite Vielfalt" erfahren wir, wie es um die Natur auf unserem Globus bestellt ist und was wir tun können, um sie zu schützen.

Übrigens: Die Erlebnisausstellung „Wildnis(t)räume" ist barrierefrei erlebbar. Taktile und auditive Systeme weisen den Weg, die wichtigsten Inhalte werden in Deutsch, Englisch, Französisch und Niederländisch vermittelt und stehen in Deutsch auch in Leichter Sprache, erhabener und Braille-Schrift zur Verfügung. Über ausleihbare Mediaguides gibt es Informationen in mehreren Sprachen sowie in Deutscher Gebärdensprache.

Hoch hinauf

Ein Besuch von Vogelsang IP ist nicht vollständig ohne eine Besteigung des circa 48 Meter hohen Vogelsang-Turms im Ostflügel des unter Denkmalschutz stehenden Gebäudekomplexes. Ursprünglich als Wasserturm konzipiert liefert er heute einen wunderbaren 360°-Ausblick über Vogelsang und weite Teile des Nationalparks. Sechs Jahre alt muss man mindestens sein für eine Besteigung, diese Voraussetzung erfüllen wir. Zwar bringen uns die 172 steilen Stufen etwas aus der Puste, aber der Blick und die interessanten Schilderungen unseres offiziellen „Turmbegleiters" entschädigen uns vollauf für die Anstrengungen. Anschließend stärken wir uns im Restaurant „Kaspar" mit regionalen Spezialitäten.

1 *Geheimnisvolle Welten ...*

2 *... und Informationen zum Zustand unserer Erde*

3 *Führung auf dem „Wilden Weg"*

Auf dem Wilden Kermeter

Was uns in der Ausstellung schmackhaft gemacht wurde, wollen wir uns jetzt auch in natura anschauen. Dafür fahren wir über Gemünd, zunächst auf der B 266, dann auf der L 249 und schließlich auf der L 15, in Richtung Rursee/Schwammenauel und erreichen nach rund 25 Minuten den Parkplatz am – ebenfalls barrierefreien – Natur-Erlebnisraum Wilder Kermeter, den wir bereits vom Vogelsang-Turm auf der anderen Seite des Urftsees sehen konnten. Hier, auf dem 500 Meter hohen Bergrücken zwischen Rursee und Urftsee, wachsen ausgedehnte Rotbuchen-Mischwälder – so soll es später einmal an vielen Stellen des Nationalparks aussehen.

Am Parkplatz gibt es Bänke und Tische zum Rasten und Informationstafeln zur Orientierung. Wir beschließen, als Erstes eine Runde über den etwa 1,5 Kilometer langen Naturerkundungspfad „Der Wilde Weg" zu drehen, der 2015 für den Deutschen Tourismuspreis nominiert und ein Jahr darauf als offizielles Projekt der UN-Dekade Biologische Vielfalt ausgezeichnet wurde. Dafür biegen wir nach wenigen Metern rechts vom Hauptweg in den Wald ab. Zunächst führt uns ein Holzsteg in rund zwei

UNTERKUNFT

Eine absolut stilechte Unterkunft für einen Eifelbesuch bieten die Baumstamm-Häuser in Rurberg und Gemünd. Die Eifel-Chalets sind in kanadischer Bauweise aus Douglasienholz ohne chemische Behandlung gefertigt, schaffen ein angenehmes Raumklima und vermitteln eine ganz besondere, „naturnahe" Atmosphäre. Die insgesamt 14 Häuser sind unterschiedlich groß und bieten maximal zehn Personen Platz. Das Eifel-Chalet ist nach den Kriterien für Nationalpark-Gastgeber zertifiziert.

Eifel-Chalet – Ferien im Naturstammhaus
Ferienhaus in Rurberg:
In den Birken 4, 52152 Simmerath-Rurberg
Ferienpark in Gemünd:
Zur Katharinenwiese, 53937 Schleiden-Gemünd
Tel. 02444/91 05-6
www.eifel-chalet.de

Metern Höhe über den Waldboden. „Hier baut die Natur selbst", informiert uns ein ganz besonderes Baustellenschild – wenn etwa ein Baum stürzt, wird er nicht weggeräumt, sondern bleibt liegen, verrottet langsam und lässt aus seinem toten Holz neues Leben entstehen: Pilze, Käfer und viele andere Insekten, die wiederum Nahrung bieten für zahlreiche Vogelarten. Ein wunderbares Beispiel für die Produktivität natürlicher Prozesse.

Alle paar Schritte gibt es etwas Neues zu sehen: alte Wurzeln, einen „Baumtunnel" und lebensgroße Stahlsilhouetten von tierischen Nationalparkbewohnern am Wegesrand. „Drunter und drüber" geht es auf einer Kletterstrecke, die aus umgestürzten Baumstämmen angelegt wurde und parallel zum eigentlichen Weg verläuft. Herrlich, so ein wilder Wald am „Wilden Weg", denken wir und entspannen uns auf den „Sinnesliegen" beim Blick in die Baumwipfel.

Ein Eifel-Blick und zwei Stauseen

Nachdem uns „Der Wilde Weg" wieder auf den Hauptweg geführt hat, orientieren wir uns anhand der guten Beschilderung in Richtung „Hirschley". Das ist einer von mehreren eigens eingerichteten „Eifel-Blicken", die eine besondere Aussicht bieten und uns die Landschaft in ihrer ganzen Schönheit erleben lassen. Wir erreichen die „Hirschley" in circa 20 Minuten und sehen den Rursee, mit einem Stauvolumen von mehr als 203 Millionen Kubikmetern der zweitgrößte Stausee Deutschlands – beeindruckend.

Ein Ziel haben wir noch, und zwar den Urftstausee. Dafür laufen wir zurück zum Hauptweg und folgen dort der Beschilderung auf einem schmalen Pfad bergab. Der warme Spätsommertag duftet nach Pilzen, bis auf Vogelgesang und das ausdauernde Hämmern der Spechte ist es still. Nach rund 20 Minuten sehen wir Wasser durch die Bäume schimmern, den Urftstausee. Die Talsperre, die den Fluss Urft staut, wurde zwischen 1900 und 1905 gebaut, ist damit die älteste Talsperre der Eifel und dient auch heute noch dem Hochwasserschutz und der Stromerzeugung.

Wir staunen über die technischen Fähigkeiten hinter so einem Bauwerk, über die uns Informationstafeln ausführlich aufklären. Von der Staumauer aus beobachten wir Enten und Haubentaucher und sehen den Kormoranen bei ihren erfolgreichen Fischzügen zu. Weit oben am südlichen Ufer liegt Vogelsang IP – dort waren wir vorhin. Bevor wir uns auf den Rückweg machen, nehmen wir im Ausflugslokal „Urfttalsperre" noch eine zünftige Mahlzeit zu uns.

Blick auf die Urftstaumauer

Weitere Tipps

Über die Dreiborner Hochfläche

Die bis 2005 von britischen und belgischen Streitkräften militärisch genutzte Dreiborner Hochfläche ist, wie so viele ehemalige Militärareale, ein Eldorado für seltene Tiere. Hier tummeln sich Goldammer und Neuntöter, Aurorafalter und Schwalbenschwanz. In den tiefen Fahrspuren der Panzer entstanden kleine Tümpel, die Heimat bedrohter Amphibien wie Kreuzkröte oder Bergmolch. Im Frühsommer taucht die Ginsterblüte die Dreiborner Hochfläche in ein leuchtendes Gelb, vor dessen Hintergrund sich Vogelsang abhebt.

Eine besondere Art, dieses Naturparadies zu erleben, ist eine Kutschfahrt – gerade für Kinder und Menschen, die nicht so gut oder gern zu Fuß unterwegs sind. Zwischen April und Oktober ziehen zwei ebenso kräftige wie unaufgeregte Kaltblüter jeden ersten und dritten Sonntag im Monat einen Planwagen von Vogelsang IP über Walberhof zum verlassenen Dorf Wollseifen und wieder zurück. Die einstigen Bewohner von Wollseifen mussten 1946 auf Befehl des britischen Militärs ihr Dorf innerhalb von 14 Tagen räumen, da hier ein Truppenübungsplatz eingerichtet werden sollte.

Start der gut zweistündigen Fahrt ist am Nationalpark-Zentrum Eifel jeweils um 11.30 Uhr und 14.15 Uhr. Karten für die Fahrt im Planwagen gibt es im Forum Vogelsang. Erwachsene zahlen 10 Euro, Kinder und Jugendliche bis 14 sind zum halben Preis dabei und ein Familienticket inklusive

bis zu drei Kindern kostet 25 Euro. Exklusive Gruppen-
fahrten bucht man direkt beim Anbieter der Kutschfahr-
ten, der Reitanlage Steffens (siehe Seite 28). Wer eine
Waldführerin oder einen Waldführer dabei haben möchte,
meldet das bitte bei der Nationalparkverwaltung an (siehe
Seite 28).

Besonders tiefe Einblicke in die Natur bekommen Besucher der Dreiborner Hochfläche im Rahmen einer
Rangerführung, die jeden Sonntag um 13 Uhr vor dem
Besucherzentrum im Forum Vogelsang am „Ranger-
hut" startet. Rund drei Stunden dauert die 6,5 Kilometer
lange Tour, die zunächst durch naturnahe Wälder und
über den Neffgesbach bis nach Wollseifen führt. Über
weite, offene Flächen geht es dann zurück. Es gibt zwar
einen etwas schwereren Anstieg, der ist aber auch mit
einem geländegängigen Kinderwagen gut zu schaffen.
Auf der Hälfte der Strecke laden Ruhebänke zur Rast.
Die Teilnahme ist kostenfrei, eine Anmeldung ist nicht
erforderlich. Die Tour ist auch für Kinder, Senioren, seh-
behinderte und blinde Gäste (mit Begleitperson) geeignet.
Schwerhörige Menschen sollten sich im Vorfeld bei der
Nationalparkverwaltung (siehe Seite 28) anmelden, damit ihnen der Ranger einen mobilen Hörverstärker mit-
bringen kann.

www.nationalpark-eifel.de

Auf dem Wildnis-Trail

Der Wildnis-Trail führt in vier zwischen 18 und 25 Kilometer langen Tagesetappen von Monschau-Höfen bis Hürtgenwald-Zerkall durch den Nationalpark Eifel. Auf den teilweise recht anspruchsvollen Strecken erleben Wanderer sämtliche Kostbarkeiten des Nationalparks: von den Narzissenwiesen in den Bachtälern über die Dreiborner Hochfläche und den Kermeter bis zum Schlehbachtal. Wer unterwegs einkehren oder sogar einen Tag Pause machen möchte, findet gastronomische Angebote und Übernachtungsmöglichkeiten an den jeweiligen Etappenzielen.

www.wildnistrail.de

Lautlos auf dem Rursee

Der Rursee gilt als ein ideales Revier für Segler, Surfer und Kanuten. Doch auch für Menschen, die sich die Schönheit des Sees und seiner Umgebung in aller Ruhe aus einer besonderen Perspektive anschauen wollen, hat die Marina & Sportbootschule Becker ein besonderes Angebot: den Katamaran „Siesta" und das „Joyboat", beide mit einem Elektromotor ausgestattet. Stilles Genießen ist garantiert.

www.becker-wassersport.de

Im Sternenpark mit Wald und Wasser

Der Nationalpark Eifel gilt als einer der wenigen Orte in Deutschland, wo man die Milchstraße mit bloßem Auge sehen kann. Hier funkeln die Sterne besonders schön und deshalb wurde der Nationalpark Eifel im Jahr 2014 offiziell als „Sternenpark" ausgezeichnet, als erster „International Dark Sky Park" in Deutschland. Auch auf Vogelsang IP bemüht man sich darum, die „Lichtverschmutzung" zu reduzieren, durch bedarfsgerechte Lichtsteuerung, voll abgeschirmte Lampen ohne Streulicht und ein Lichtspektrum ohne Blaulichtanteile. Davon profitieren nicht nur menschliche Sternengucker, sondern auch Tierarten wie Fledermäuse und Zugvögel. Die Kölner Astronomie-Werkstatt „Sterne ohne Grenzen" bietet regelmäßig Veranstaltungen auf dem Sternwarten-Gelände von Vogelsang IP an. Die Termine finden nur bei klarem Wetter statt. Information und Anmeldung unter *www.sterne-ohne-grenzen.de/veranstaltungsprogramm/*, Tel. 0221/44 90 05 86.

Service

ANFAHRT
Navi
Vogelsang 70
53937 Schleiden

ÖPNV
Tägl. von Kall mit dem National-
park-Shuttle SB 82 oder von
Simmerath mit der SB 63 bis
„Vogelsang IP Walberhof",
„Vogelsang IP Kulturkino" oder
„Vogelsang IP Forum"

ADRESSEN
Eifel Tourismus
Kalvarienstraße 1
54595 Prüm
Tel. 06551/965 60
www.eifel.info

Nationalparkverwaltung
Wald und Holz NRW
Nationalparkforstamt Eifel
Urftseestraße 34
53937 Schleiden-Gemünd
Tel. 02444/95 10-0
www.nationalpark-eifel.de

Nationalpark-Zentrum Eifel
Forum Vogelsang IP
Vogelsang 70
53937 Schleiden
Tel. 02444/915 74-0
www.nationalparkzentrum-eifel.de
Öffnungszeiten: tägl. 10–17 Uhr
Eintritt: Erwachsene 8 €, erm.
4 €, Familien 18 €, Kinder unter
7 Jahren sowie Geburtstagskinder
0–100+ Jahre kostenlos

*Führungen durch die Erlebnis-
ausstellung:*
tägl. 14 Uhr, Sa, So, Feiertage
zusätzlich 11 Uhr 90-minütige
Rangerführung durch die
Ausstellung
Aufstieg Vogelsang-Turm:
6 €, maximal 15 Personen pro
Aufstieg; Kinder bis 6 Jahr dürfen
nicht auf den Turm.

Reitanlage Steffens
Wiesengrund 45
52156 Monschau
Tel. 02472/53 69, 0177/447 80 41
www.kutsche-steffens.de

GASTRONOMIE
Kaspar
Vogelsang 70
53937 Schleiden
Tel. 02444/91 25 89
*www.kaspar-gastronomie.de/
gastro-vogelsang/*
Öffnungszeiten: tägl. 10–17 Uhr

Ausflugslokal Urfttalsperre
Urfttalsperre 1
53937 Schleiden
Tel. 02473/97 89 88-3
www.urftseemauer.de
Öffnungszeiten: Mo–Fr
10.30–17 Uhr, Sa 10.30–18 Uhr,
So 10–18 Uhr, ab 1. November
bis eine Woche vor Ostern:
Mi–Fr 11–16 Uhr, Sa 11–17 Uhr,
So 10–17 Uhr

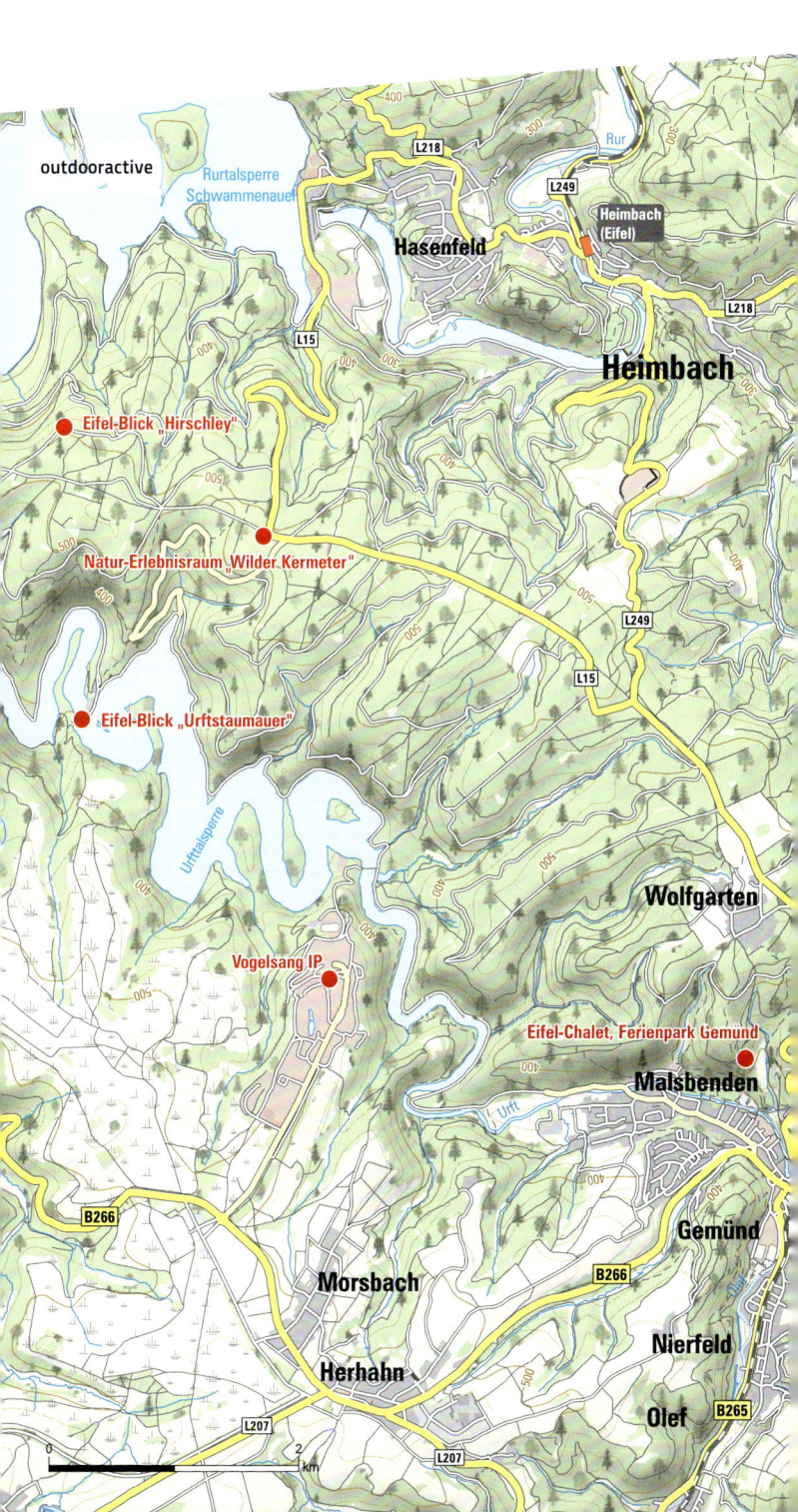

TOUR 2

WILDNIS IN KULTURLANDSCHAFT

Das Siebengebirge und seine Umgebung

Das Siebengebirge bei Bonn gilt als eines der ältesten Naturschutzgebiete Deutschlands. Und auch wenn einem beim Blick aus Richtung Köln sieben der fast 50 Erhebungen des Siebengebirges besonders ins Auge fallen, kommt der Name nicht von den berühmten „sieben Bergen", sondern vermutlich vom Begriff „Siefen" – schluchtartige Bachtäler, die das Siebengebirge prägen.

Seit rund 2.000 Jahren pflanzt der Mensch Obstbäume und Weinreben im Siebengebirge. Früher wurde hier auch Trachytgestein abgebaut und für viele bedeutende Bauwerke verwendet, unter anderem für den Kölner Dom. Die menschliche Nutzung hat der Artenvielfalt im Siebengebirge nicht geschadet, im Gegenteil: In den Weinbergen wachsen seltene Pflanzen wie die Wildtulpe oder der Rundblättrige Storchschnabel. Die Mauereidechse, die hier ihre nördliche Verbreitungsgrenze erreicht, genießt die Sonne auf den nach Süden ausgerichteten Hängen. Ohnehin kommen sechs der acht in Nordrhein-Westfalen heimischen Reptilienarten im Siebengebirge vor.

Mehr als 80 Prozent des Naturparks Siebengebirge sind mit Wald bedeckt – trocken-warme Eichenwälder an den Südhängen, im Norden Schlucht- und Hangmischwälder, auf nassen Böden Moorwälder sowie Erlen-Eschen- und Weichholz-Auenwälder entlang der Bach-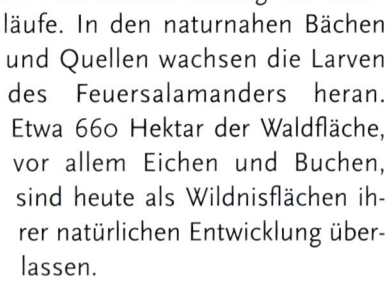läufe. In den naturnahen Bächen und Quellen wachsen die Larven des Feuersalamanders heran. Etwa 660 Hektar der Waldfläche, vor allem Eichen und Buchen, sind heute als Wildnisflächen ihrer natürlichen Entwicklung überlassen.

Mauereidechse

Von der Ennert bis zum Drachenfels

Am Dornheckensee

Im Siebengebirge kommen Wanderer und Mountainbiker voll auf ihre Kosten. Allein rund um den Drachenfels gibt es knapp 300 Kilometer gut ausgeschilderte Wanderwege, drei Etappen des Premiumwanderwegs „Rheinsteig" führen zwischen Bonn und Linz auf einer Länge von gut 53 Kilometern durch das Siebengebirge.

Wir wollen möglichst viel vom Siebengebirge und seinen Naturschätzen mitbekommen. Deshalb beginnen wir unsere circa 15 Kilometer lange Tageswanderung auf dem von der Biologischen Station Bonn/Rhein-Erft angelegten Naturerlebnispfad Ennert im Norden des Siebengebirges. Start ist am Wanderparkplatz Dornheckensee, den wir bequem mit dem Bus erreichen – es hat durchaus Vorteile, wenn das Naturparadies in unmittelbarer Nähe einer Großstadt liegt.

Quallen unter steilen Felsen

Wir gehen in Richtung Süden, kommen aber nicht weit, denn eine erste Attraktion folgt bereits nach wenigen Schritten: der Dornheckensee mit seiner steil abfallenden Felswand, von der immer mal wieder dicke Steine ins Wasser stürzen. Unzählige Erdkröten und Grasfrösche laichen hier an den ersten warmen Tagen des Jahres, und wenn im Sommer die Wassertemperatur konstant über 25 Grad liegt, schweben kleine ätherische Wesen durch den See – Süßwasserquallen.

Wir laufen weiter, bis uns ein Schild auf eine besonders farbenprächtige Station des Erlebnispfads neugierig macht. Die „Artenreiche Wiese" trägt ihren Namen zu Recht: Mehr als 50 Blütenpflanzen wachsen auf der Fläche eines ehemaligen Sportplatzes, ein Paradies für seltene Schmetterlinge wie den Schwalbenschwanz oder den Hauhechel-Bläuling.

Weiter geht es in Richtung Rabenlay und Kuckstein. Diese ehemaligen Basaltsteinbrüche sind das Revier der selten gewordenen Zippammer, auch Uhus und Wanderfalken brüten hier. In Oberdollendorf wenden wir uns auf Höhe des Weinguts Sülz nach Osten und laufen durch das Mühlental zur Ruine des früheren Zisterzienserklosters Heisterbach. Im Klosterpark packen wir unseren Proviant aus und machen vor der imposanten

1 *Blühende Vielfalt am Naturerlebnispfad*

2 *Die Chorruine von Kloster Heisterbach*

3 *Blutströpfchen auf Distelblüte*

Chorruine eine erste Pause. Eigentlich schade, denn in der Klosterstube soll man gut essen können.

Wasser, Wald und Steine

Gestärkt gehen wir weiter in Richtung Weilberg. Wo noch bis ins 20. Jahrhundert Basalt abgebaut und mit der Heisterbacher Talbahn in Richtung Rhein befördert wurde, mögen heute bedrohte Amphibien die Stille in dem mit Wasser gefüllten früheren Steinbruch. Nachdem wir die L 268 überquert haben, kommen wir zum Stenzelberg, der im Handumdrehen zum Siebengebirgs-Lieblingsort unseres Nachwuchses avanciert. Felsen, Geröllhalden, trockene Rasenflächen, knorrige Bäume und dichtes Gebüsch regen die Fantasie an. Gleichzeitig leben hier zahlreiche gefährdete Arten wie Steppen-Grashüpfer,

Brauner Feuerfalter, Schwalbenschwanz, Mauereidechse oder Nickendes Leimkraut. Aus Gründen des Naturschutzes ist Klettern hier seit 2005 verboten.

Vorbei am Einkehrhaus Waidmannsruh wandern wir auf einem schmalen, windungsreichen Pfad hinauf zum verwunschenen Nonnenstromberg. Hier, in einer sogenannten Naturwaldzelle, bilden teilweise über 150 Jahre alte Buchen und Eichen mit ihren Baumhöhlen, Pilzen, Flechten und einem hohen Totholzanteil den Lebensraum für eine Vielzahl an Säugetieren, Vögeln, Käfern und weiteren Insekten. Wie schön wäre es, könnte sich die Natur an vielen anderen Orten so frei und nach ihren eigenen Regeln entfalten.

1 *Kaffee und Kuchen im Einkehrhaus*

2 *Felswände am Stenzelberg*

3 *Die Zahnradbahn zwischen Königswinter und dem Drachenfels*

Vom Nonnenstromberg kommen wir wieder auf den Rheinsteig, dem wir bis zum Petersberg folgen. Dort, am ehemaligen offiziellen Gästehaus der Bundesrepublik, genießen wir auf der Sonnenterrasse eine kleine Erfrischung und den weiten Blick über das Rheintal bis in die Eifel. Unter uns, am Westhang des Petersbergs, stehen in einer weiteren Naturwaldzelle majestätische Buchen, die teilweise 170 Jahre alt sind.

Hinab und wieder hinauf

Vom Petersberg aus geht es über den Petersberger Bittweg hinab nach Königswinter. Am Wegrand fallen uns steinerne Kreuze auf: Der Petersberger Bittweg ist der letzte noch erhaltene von ehemals vier Wegen, auf

denen Wallfahrende bis in die erste Hälfte des 20. Jahrhunderts zur Kapelle Sankt Peter auf dem Petersberg liefen.

Wir haben heute ein anderes Ziel, nämlich den Drachenfels, hoch über dem Rheintal gelegen. Da wir schon ein paar Schritte in den Beinen haben, gönnen wir uns von Königswinter aus eine Fahrt hinauf mit der alten Zahnradbahn. Wenn wir an der Mittelstation aussteigen würden, könnten wir Schloss Drachenburg besuchen.

UNTERKUNFT

Mitten im Siebengebirge liegt das Waldhotel Sophienhof und ist damit der ideale Ausgangspunkt für Erkundungstouren in die Natur. Das Haus aus dem Jahr 1888 hat nur wenig von seinem historischen Flair eingebüßt, ist aber in Sachen Einrichtung und Ausstattung auf der Höhe der Zeit.

Waldhotel Sophienhof
Löwenburger Straße 1
53639 Königswinter bei Bonn
Tel. 02223/29 73-0
www.waldhotel-sophienhof.de

Das Schloss mit seinen historischen Malereien zur Geschichte des Rheinlands gilt als Meisterwerk der Neugotik, die Vorburg beherbergt mittlerweile das Museum für die Geschichte des Naturschutzes in Deutschland.

Ganz oben angekommen haben wir – beziehungsweise hat die Zahnradbahn – an manchen Stellen eine Steigung von bis zu 20 Prozent überwunden. Die Besucherplattform wurde 2013 modernisiert, ein Glaskubus ermöglicht auch bei schlechtem Wetter einen staunenden Blick auf den Fluss und seine Umgebung. Doch heute scheint die Sonne, wir entscheiden uns für eine Stärkung im Drachenfels-Restaurant und verstehen beim Ausblick

1 *Der Glaskubus auf dem Drachenfels*

2 *Blick vom Petersberg*

1

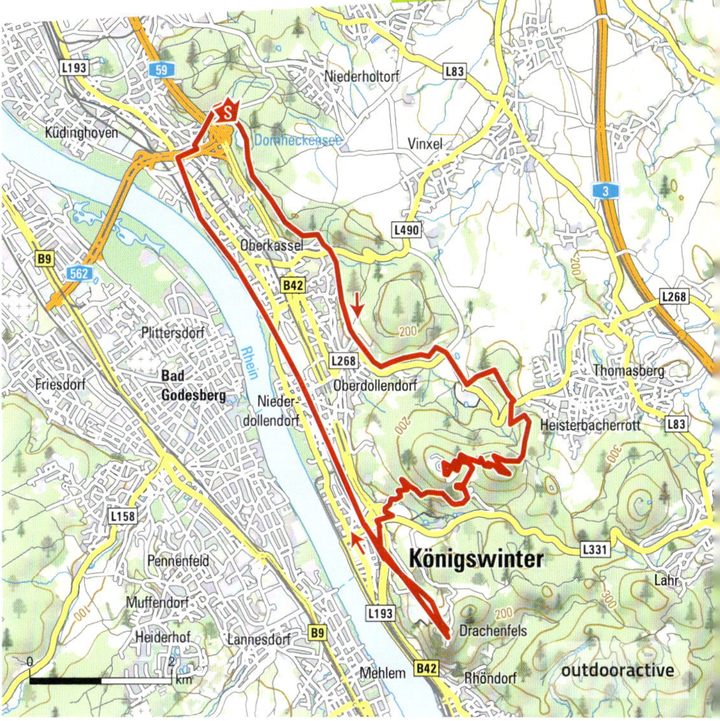

ins Rheintal, warum dieser Ort schon Dichter wie Lord Byron und Heinrich Heine zu lyrischen Höchstleistungen inspirierte. Auch wir sind voller Eindrücke, und so geht uns der Gesprächsstoff nicht aus, wenn wir von Königswinter aus mit der Regionalbahn in nur zehn Minuten zurück nach Bonn-Ramersdorf fahren.

2

Weitere Tipps

Waldau im Kottenforst

Die Waldau am Südhang des Bonner Venusbergs ist Bestandteil des nördlichen Kottenforsts. Im „Haus der Natur", das derzeit modernisiert wird und im Verlauf des Jahres 2018 neu eröffnet werden soll, kann man sich über die Tiere und Pflanzen des Kottenforsts informieren, eines der größten geschlossenen Waldgebiete im südlichen Rheinland. Rotwild, Damwild und Wildschweine können wir uns direkt an der Waldau in mehreren großen Wildgehegen anschauen. Eine besondere Attraktion der Waldau sind die bizarren Kopfbuchen, die vor mehr als 100 Jahren gepflanzt wurden, um den Bedarf an Brennholz zu decken. Alle zehn bis 15 Jahre wurden die Bäume dann in etwa zwei Metern Höhe gestutzt, um Holz zu „ernten". So entstand die typische „Wuschelfrisur" auf einem unten immer mächtiger werdenden Stamm. Noch mehr über die Natur im Kottenforst erfahren wir auf dem gut zwei Kilometer langen „Weg der Artenvielfalt" mit neun Erlebnisstationen und 15 Informationstafeln.

Haus der Natur
An der Waldau 50
53157 Bonn
Tel. 0228/28 51 07

Auf dem Rodderberg

Der Rodderberg südlich von Bonn ist der nördlichste Vulkan in der Region. Vor rund 30.000 Jahren brach er zum letzten Mal aus. Heute ist der Rodderberg selbst im milden Rheinland eine sogenannte „Wärmeinsel". Mehr als 40 gefährdete Pflanzenarten der Roten Liste NRW gedeihen hier, darunter Purpur-Sommerwurz, Aufrechter Ziest, Kartäusernelke und Sonnenröschen. Ein derartiges Nahrungsangebot lockt seltene Schmetterlinge wie den Schwalbenschwanz oder das Rotwidderchen auf den Rodderberg. Ornithologen erkennen Vogelarten wie Goldammer, Gartengrasmücke oder Heckenbraunelle am Gesang, das leise Zirpen der Blauflügeligen Ödlandschrecke hingegen ist kaum zu hören. *www.rodderberg.de*

Geo-Exkursionen mit Sven von Loga

Der Geologe und zertifizierte Natur- und Landschaftsführer Sven von Loga bietet zahlreiche Geo-Exkursionen „in den Rheinlanden" an, darunter auch einige durch das Siebengebirge. Wer also mehr über die geologisch-vulkanischen Ursprünge des Siebengebirges erfahren will oder hinter die Geheimisse von „Drachenfels und Höllentuff" kommen möchte, ist bei Sven von Loga in den besten Händen. *www.uncites.de*

41

Aussicht vom Drachenfels auf den Rhein mit der Insel Nonnenwerth   **43**

Service

ANFAHRT
Navi
Wanderparkplatz Dornheckensee,
Oberkasseler Straße, Bonn

ÖPNV
Von Bonn-Beuel mit der Buslinie
636 bis Haltestelle „Holtdorf,
Oberkasseler Straße"

ADRESSEN
Tourismus Siebengebirge GmbH
Drachenfelsstraße 51
53639 Königswinter
Tel. 02223/91 77 11
www.siebengebirge.com

Schloss Drachenburg
Drachenfelsstraße 118
53639 Königswinter
Tel. 02223/90 19 70
www.schloss-drachenburg.de
Öffnungszeiten:
3. März–4. November
tägl. 11–18 Uhr,
„Einzigartige Weihnachtszeit":
2.–17. Dezember
Sa 12–21 Uhr, So 12–20 Uhr

GASTRONOMIE
Bistro-Café im Steigenberger
Grand Hotel Petersberg
Petersberg
53639 Königswinter
Tel. 02223/74 78-0
www.steigenberger.com
Öffnungszeiten:
Mi–Mo 10–18 Uhr

Drachenfels-Restaurant
Auf dem Drachenfels
53639 Königswinter
Tel. 02223/29 69 90
www.der-drachenfels.de
Öffnungszeiten:
März–Oktober tägl. 10–19 Uhr

Einkehrhaus Waidmannsruh
Rosenau 13
53639 Königswinter
Tel. 02223/245 20
www.einkehrhaus-waidmannsruh.
com
Öffnungszeiten:
Mi–Mo 10–18 Uhr

Klosterstube Heisterbach
Heisterbacher Straße
53639 Königswinter
Tel. 02223/70 21 75
www.klosterstube-heisterbach.de
Öffnungszeiten:
1. April–31. Oktober
Mo–Fr 11–18 Uhr,
Sa, So ab 10 Uhr,
1. November–31. März
Mo–Fr 11–17 Uhr,
Sa, So ab 10 Uhr

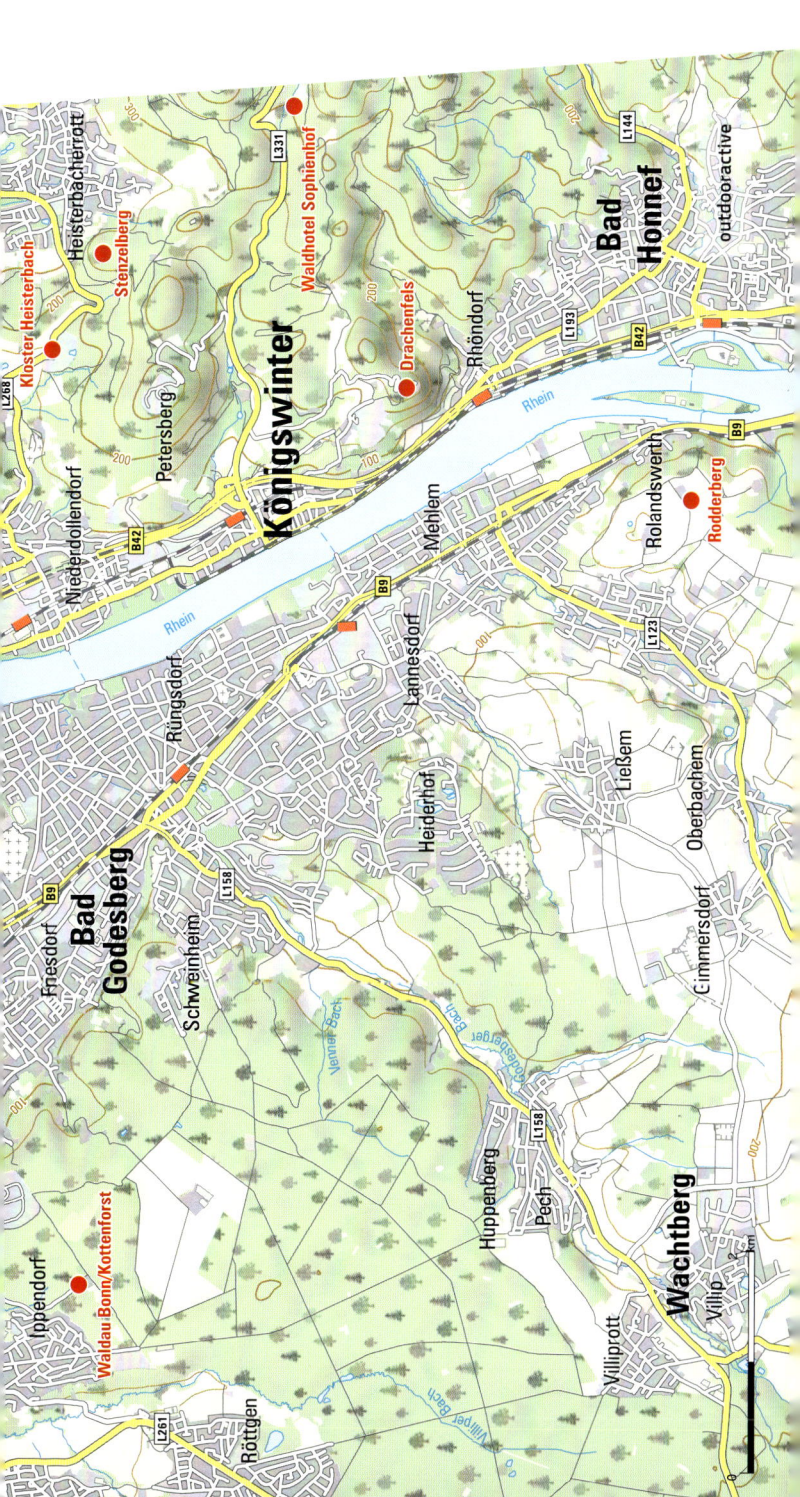

TOUR 3

Hoch hinaus

Streifzüge durch das Bergische Land

Der Mensch prägte – und prägt – die Natur im Bergischen Land. Das ist kein Widerspruch, denn die Vielfalt dieser Kulturlandschaft, mit Wäldern, offenen Wiesenlandschaften, Hecken, Mooren, Heideflächen und Seen, ist ein Resultat der jahrhundertelangen Nutzung vor allem durch Landwirte und Waldbauern, aber auch durch die Industrie, die sich hier schon früh ansiedelte. Ein Grund war das überreichlich vorhandene Wasser, auch von oben: Kein Wunder, dass hier 1928 der zusammenschiebbare Regenschirm erfunden wurde.

Heute sind die Bachtäler, Talsperren und Stauseen wichtige Erholungsgebiete und ein Rückzugsort für seltene Tiere wie den Eisvogel oder den Schwarzstorch. In größeren Waldgebieten, wie dem Nutscheid oder rund um den Heckberg, genießen Wanderer die Ruhe und den Wechsel der Farben, vom saftigen Grün im Frühjahr bis zum „Indian Summer" im bunten Herbst. Die Obstbäume und Hecken auf den landwirtschaftlich genutzten Flächen sind der Lebensraum zahlreicher Vogel- und Insektenarten. Initiativen wie die Arche Gruppe Bergisches Land engagieren sich für den Erhalt alter Nutztierrassen wie Rotes Höhenvieh oder Bergischer Kräher, eine regionale Hühnerrasse.

Mit dem „Bergischen Weg" und dem „Bergischen Panoramasteig" führen zwei als „Qualitätsweg Wanderbares Deutschland" zertifizierte Fernwege durch die Region. Die „Bergischen Streifzüge" sind 24 Halbtages- beziehungsweise Tagestouren, die jeweils unter einem bestimmten technischen, naturkundlichen oder historischen Thema stehen (siehe Seite 54 f.).

Informationstafel am Baumweg, einem der „Bergischen Streifzüge"

Naturerlebnispark Panarbora

Sieht beinahe wie Spielzeug aus: der Aussichtsturm im Naturerlebnispark Panarbora.

Man kann den Naturerlebnispark Panarbora kaum verfehlen, dafür sorgt schon der knapp 40 Meter hohe und von Weitem sichtbare Aussichtsturm aus Holz. Den werden wir gleich besteigen, über den barrierefreien und mit 1.635 Metern längsten Baumwipfelpfad in Nordrhein-Westfalen. Einer von vielen Höhepunkten in dem 2015 eröffneten, rund acht Hektar großen Naturerlebnispark 50 Kilometer östlich von Köln. Doch wir wollen nicht vorgreifen.

Der Eintritt erfolgt über das Informationsportal, gleich neben dem Turm. Hier ist auch die Rezeption der Jugendherberge – Panarbora ist ein Projekt des Deutschen Jugendherbergswerks Rheinland. Wer Mitglied im Deutschen Jugendherbergswerk ist, kann hier übernachten: im Familienhaus mit zehn Zimmern, in einem der drei „globalen Dörfer" – im asiatischen, afrikanischen und südamerikanischen Stil – mit je 36 Betten oder, besonders chic, in einem der fünf Baumhäuser.

Irrgarten und Spieltunnel

Unser Nachwuchs will natürlich sofort auf den Turm, doch wir haben beschlossen, uns das Beste bis zum Schluss aufzuheben. Deshalb halten wir uns rechts und

kommen zum Heckenirrgarten. Es gehört schon ein wenig Geduld dazu, hier den richtigen Weg – oder genauer einen der richtigen Wege – zu finden, doch am Ende sind wir alle wieder beisammen. Die nächste Station ist der circa 20 Meter lange „Spieltunnel", mit einem Durchmesser von 1,20 Metern nichts für Menschen mit Platzangst. Die haben wir zum Glück nicht, aber dafür Fantasie und so bereiten uns die Röhren auch ohne schmückendes Beiwerk viel Vergnügen.

Am Kräutergarten, wo wir unsere Kenntnisse der überwiegend heimischen Gewächse vor allem anhand unseres Geruchssinns testen (und dabei einige Lücken offenbaren), beginnt der Sinnesrundweg, der uns am Waldrand vorbeiführt an den Erlebnisdörfern „Afrika" und „Südamerika". Unterschiedliche Bodenbeläge la-

1 *Der Baumwipfel-pfad von oben*

2 *Stilecht übernachten im Baumhaus*

3 *Auf dem Baumwipfelpfad*

den zum Barfußwandern ein und an mehreren Stationen wird unser Gleichgewichtssinn herausgefordert. Zudem können wir unsere Musikalität an verschiedenen Klang-installationen ausprobieren.

Luftige Ausstellung

Vor der Turmbesteigung wartet noch der Abenteuer-spielplatz, überwiegend aus Naturmaterialien errichtet. Hier können unsere Kleinen vor allem ihre motorischen Fähigkeiten erproben. Doch dann geht es endlich auf den Baumwipfelpfad. Das ist zwar auch der Weg hinauf zum Turm, aber vor allem eine Ausstellung in ausge-sprochen reizvoller Umgebung. Sechs interaktive Lern-und Erlebnisstationen liefern uns spannende Einsichten in Fauna und Flora und beantworten viele Fragen zu Kultur

UNTERKUNFT

Das Bauerngut Schiefelbusch ist ein idyllisch gelegener, voll bewirtschafteter Bauernhof und der ideale Ausgangspunkt für Touren ins Bergische Land. Neben den Ferienwohnungen für zwei bis sechs Personen bietet der Hof noch einiges mehr: Einkaufen im Hofladen, ein Bauernhofcafé, Kühe melken, ein Maislabyrinth, ein Spiel- und Bouleplatz runden das Angebot ab. Und wer Lust hat, darf gerne beim Melken helfen.

Bauerngut Schiefelbusch
Schiefelbusch
51503 Rösrath-Lohmar
Tel. 02205/835 54
www.bauerngut-schiefelbusch.de

und Geschichte des Walds: Wie entwickelte sich der Urwald zum Wirtschaftswald? Warum tummelt sich so viel Leben unter der Rinde von totem Holz? Wie hat sich das Bergische Land im Lauf der Jahrhunderte verändert?

1 *Interaktive Lernstation auf dem Baumwipfelpfad*

2 *Weiter Blick als Belohnung nach dem Aufstieg*

Die Inhalte werden uns unterhaltsam und kindgerecht präsentiert, mit Memory-Spielen, Puzzeln oder sprechenden Comics. Unsere älteren Kinder haben sich über das WLAN des Informationsportals eine App auf ihr Handy geladen, mit der sie sich natürlich extracool über den Pfad bewegen. Extracool ist auch die Aussicht vom Turm, das Bergische Land liegt uns zu Füßen. Übrigens: Da die maximale Steigung auf dem Pfad sechs Prozent beträgt und er breit genug ist, kann er auch problemlos mit Kinderwagen, Rollstühlen oder Rollatoren befahren werden. Bei einem Snack auf der Außenterrasse des Panarbora-Bistros haben wir den Abenteuerspielplatz gut im Blick, auf dem unsere Kinder natürlich sofort wieder verschwunden sind.

Beim Verlassen des Naturerlebnisparks steht plötzlich eine Frage im Raum: Was bedeutet „Panarbora" eigentlich? So ungefähr können wir uns das zusammenreimen, doch erst eine Internetrecherche daheim bringt uns ein präzises Ergebnis: „Arbor" war bei den alten Römern der Baum und „Pan" der griechische Gott des Walds. Nimmt man noch „pan" für „allübergreifend" hinzu, passt das schon.

2

Weitere Tipps

Auf dem Waldmythenpfad

Wer mag, kann einen Besuch im Panarbora gut mit einer Wanderung auf dem Waldmythenpfad verbinden, der am Naturerlebnispark vorbeiführt. Der abwechslungsreiche Rundweg entführt auf knapp 13 Kilometern in das Reich der Kobolde, Zwerge, Elfen, Riesen und Einhörner. Elf Informationstafeln und acht Audiostationen am Wegrand liefern dazu das passende Hintergrundwissen.
www.bergisches-wanderland.de -> Bergische Streifzüge -> Alle Streifzüge

Bergische Streifzüge

Unter den 24 „Bergischen Streifzügen" sind sechs besonders gut für Kinder und Jugendliche geeignet. Dazu gehört der „Bauernhofweg", auf dem junge und ältere Wanderer Nutztiere wie Gänse, Hühner und Schweine kennenlernen, nebenbei viel über die oft mühsame Arbeit eines Landwirts erfahren und über typische Feldfrüchte, die auf bergischen Äckern angebaut werden. Der „Baumweg" präsentiert ganz spezielle Exemplare – etwa sogenannte „Brotbäume" oder Bäume, unter denen früher Gericht gehalten wurde. Auf jedem dieser sechs Streifzüge erklärt die aus dem Fernsehen bekannte „Maus" auf Informationstafeln, was es mit den Geheimnissen des Bergischen Landes auf sich hat.
www.bergisches-wanderland.de -> Bergische Streifzüge -> Streifzüge für Kinder

Eselwandern mit der Tierwerkstatt Altenberg

Neben tiergestützten Einsätzen in Schulen, Kindergärten und Einrichtungen der Alten- und Behindertenhilfe bietet die Tierwerkstatt Altenberg auch Eselwanderungen rund um den imposanten „Bergischen Dom" an. Mit den ebenso intelligenten wie eigenwilligen Eseln wird eine Wanderung durch die umgebenden Wälder oder das Tal der Dhünn ein ganz besonders entschleunigtes Erlebnis, bei dem die Sinne sehr viel offener sind für die Schönheiten der natürlichen Umgebung. Neben den Eseln freuen sich auch die anderen Bewohner der Tierwerkstatt wie Kater Günther, Henne Gudrun, Pony Maja oder Hund Pelle über Besuch. Und nach einer Tour kommt die Stärkung im Restaurant Wißkirchen gerade recht.

www.tierwerkstatt-altenberg.de

55

Wahner Heide

Die Bergische Heideterrasse ist ein nur wenige Kilometer breites und etwa 80 Kilometer langes Landschaftsband zwischen Duisburg und Siegburg mit mehr als 25 Naturschutzgebieten. Den südlichsten Ausläufer bildet die Wahner Heide nordöstlich von Bonn, die bis zum Jahr 2004 militärisch genutzt wurde. Wie oft auf solchen Flächen entwickelte sich auch hier eine bemerkenswerte Vielfalt, unter anderem mit etwa 700 Tieren und Pflanzen, die auf den Roten Listen der gefährdeten oder sogar vom Aussterben bedrohten Arten stehen. Auf den sandigen

Binnendünen blüht im Spätsommer violett das Heidekraut. Hier fühlen sich seltene Vogelarten wie die Heidelerche, der Neuntöter und das Schwarzkehlchen wohl, macht die Schlingnatter Jagd auf Zauneidechse und Blindschleiche. Amphibien wie Kreuzkröte und Gelbbauchunke benötigen zum Laichen kleine, sonnenbeschienene und nährstoffarme Tümpel, wie sie in der Wahner Heide einst durch regelmäßigen Panzerbetrieb entstanden und jetzt teilweise durch menschliche Pflegemaßnahmen erhalten werden.

In vier Eingangsportalen – Turmhof, Burg Wissem, Steinhaus und Gut Leidenhausen – können sich Naturfreunde über die Wahner Heide informieren und ihre Erkundungen des Gebiets starten. Hier gibt es auch den Wegeplan mit zehn Vorschlägen für Wandertouren. Da große Teile der Wahner Heide mit Munition und Kampfmitteln belastet sind, dürfen die gekennzeichneten Wege auf keinen Fall verlassen werden.

www.wahnerheide-burgwissem.de

Service

ANFAHRT
Navi
Jugendherberge Waldbröl
„Panarbora", Waldbröl

ÖPNV
Mit der S12 oder dem Rhein-
Sieg-Express (RSX) aus Richtung
Köln oder Siegen bis Schladern
Bf., von dort mit der Buslinie
342 über Panarbora in Richtung
Waldbröl

ADRESSEN
Naturarena Bergisches Land
Friedrich-Ebert-Straße 75
51429 Bergisch Gladbach
Tel. 02204/84 30 30
www.dasbergische.de

Zweckverband Naturpark
Bergisches Land
Moltkestraße 34
51643 Gummersbach
Tel. 02261/88 69 01
www.naturparkbergischesland.de

Jugendherberge Waldbröl
„Panarbora"
Naturerlebnispark
Nutscheidstraße 1
51545 Waldbröl
Tel. 02291/90 86 50
www.panarbora.de
Öffnungszeiten: Mai–September
tägl. 9.30–20 Uhr, Oktober,
März, April tägl. 9.30–18 Uhr,
November–Februar tägl.
10–16 Uhr

Eintritt: Erwachsene 9,90 €,
Kinder/Jugendliche (4–17 Jahre)
6,40 €, Familienkarte (bis 3
Kinder) 24,90 €, Kinder unter
4 Jahren frei

GASTRONOMIE
Hotel-Restaurant Wißkirchen
Am Rösberg 2
51519 Odenthal-Altenberg
Tel. 02174/67 18-0
www.hotel-wisskirchen.de
Öffnungszeiten: tägl. 7–23 Uhr

Panarbora-Restaurant
Nutscheidstraße 1
51545 Waldbröl
Tel. 02291/90 86 50
www.panarbora.de
Öffnungszeiten: Mai–September
tägl. 12–20 Uhr, Oktober, März,
April tägl. 12–18 Uhr, November–
Februar tägl. 12–16 Uhr

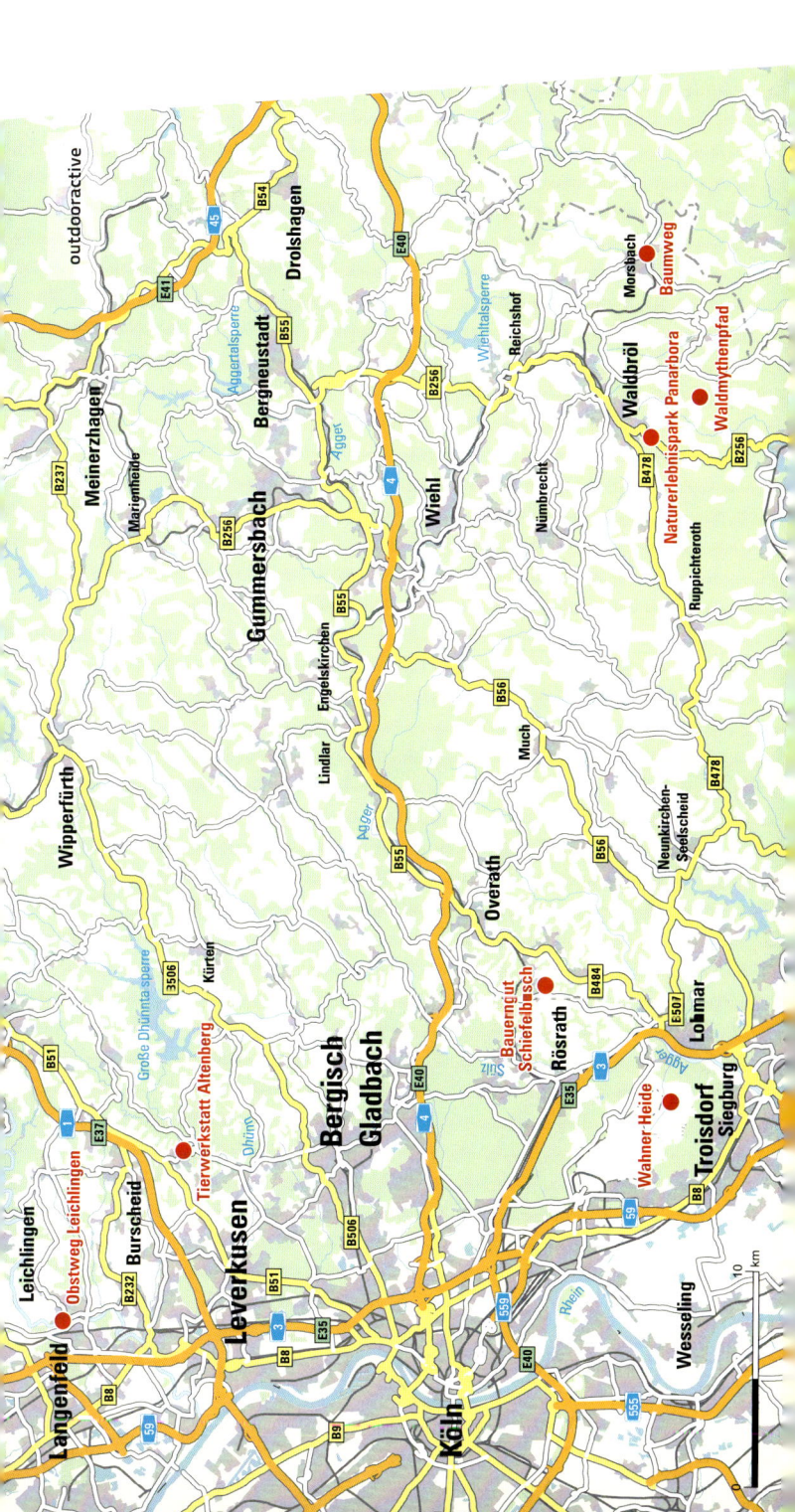

TOUR 4

Dichte Wälder, seltene Auen

Köln und Rhein-Erft-Kreis

Köln und Natur? Darauf muss man erst mal kommen bei einer Stadt, die in erster Linie für den Dom, Karneval, den F. C. und eine grundsätzlich heitere Haltung zum Leben bekannt ist. Dabei hat Köln auch einiges an Natur zu bieten. Der Anteil öffentlicher Grünflächen am Stadtgebiet liegt bei knapp zwölf, der Waldanteil bei etwa 15 Prozent. Selbst die dicht bebaute Innenstadt hat ihre Oasen, wie die Flora, den Stadtgarten oder den Melaten-Friedhof mit seinen alten Bäumen und mehr als 40 Vogelarten. Hinzu kommt ein ausgesprochen „grünes Umfeld" mit artenreichen Naturschutzgebieten wie dem Königsdorfer Forst oder dem Königsforst.

Westlich von Köln verläuft in Nord-Süd-Richtung die Ville, ein rund 50 Kilometer langer Höhenzug. Hier wurde seit dem späten 18. Jahrhundert Braunkohle abgebaut, Felder, Siedlungen und Wälder mussten dem Tagebau weichen. Nach dem Ende des Bergbaus wurde der mittlere Teil der Ville rekultiviert. Mehr als 40 Seen und kleinere Weiher sowie überwiegend junge Laubwälder haben hier eine neue, abwechslungsreiche Natur- und Kulturlandschaft entstehen lassen. Ein umfangreiches und dank des Naturparks Rheinland gut beschildertes Rad- und Wanderwegenetz macht die Erkundung dieser Region zu einem problemlosen Vergnügen.

Die Erft hat unter dem Tagebau schwer gelitten. Mehrfach wurde ihr Bett begradigt und kanalisiert. Das warme Grundwasser, das aus den Kohlegebieten eingeleitet wird, sorgt dafür, dass sich gebietsfremde Arten in der Erft vermehren und das ökologische Gleichgewicht stören. Vor einigen Jahren zogen Angler sogar Piranhas aus dem Fluss ... Heute wird die Erft an ausgewählten Abschnitten renaturiert.

Die Kleine Erft

Gymnicher Mühle und Kerpener Bruch

Blumenwiese im Kerpener Bruch

Auch im Bereich der Gymnicher Mühle soll die Erft in einen neuen, circa 5,5 Kilometer langen naturnahen Flusslauf westlich des heutigen Erftflutkanals verlegt werden. Davon wird sicher auch die Naturschutz- und Bildungsarbeit in der alten, 1315 erstmals urkundlich erwähnten Wassermühle profitieren, die heute ein Naturparkzentrum mit Erftmuseum und Wassererlebnispark beherbergt. Vor allem Schulklassen und Kindergärten nutzen das breite Umweltbildungsangebot in der Gymnicher Mühle, die aber auch für Tagesbesucher offen ist.

Das Wetter passt, deshalb interessieren wir uns zunächst für den circa 1,5 Hektar großen Wassererlebnispark. Viele wilde Tiere gibt es hier zu entdecken: Libellen, Wasserasseln, Wasserläufer, Wasserskorpione und Larven der Eintagsfliege, die mit etwas Fantasie Ähnlichkeit mit einem kleinen Seeungeheuer haben. Der nachgebaute Bachlauf bildet die ideale Kulisse für Spiele und Abenteuer, mit Rutsche, Wasserkanonen und sogar einem Floß. Vom zehn Meter hohen Aussichtsturm werfen wir einen Blick in den Landschaftspark Erftaue, der sich mit der Renaturierung der Erft wieder in eine naturnahe Auenlandschaft entwickeln wird.

103 Kilometer legt die Erft zwischen Quelle und Rhein-
mündung zurück und fast genau auf der Hälfte ihres
Wegs – auf Kilometer 51 – liegt die Gymnicher Mühle.
Deshalb heißt das hier angesiedelte Erftmuseum auch
„KM51". An zwölf interaktiven Stationen lernen wir den
Verlauf, die wechselvolle Geschichte und die Tiere und

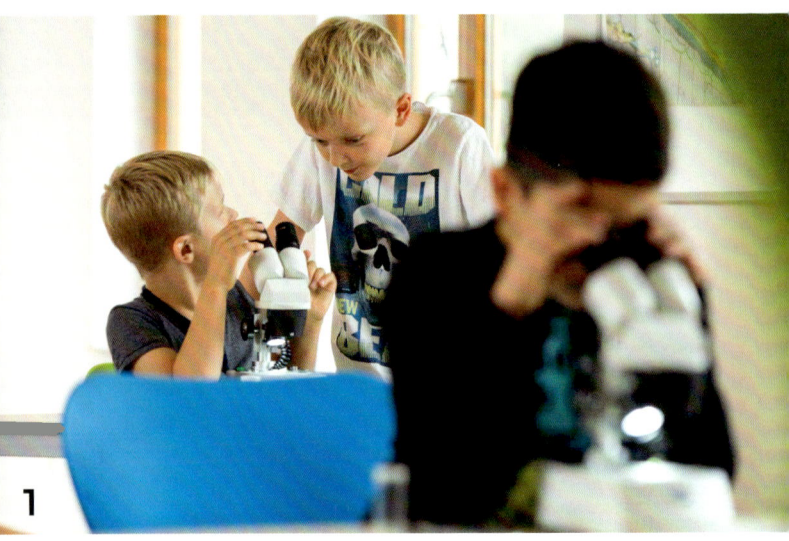

Pflanzen der Erft kennen. Wir haben getobt und gelernt,
deshalb sind wir jetzt hungrig und stärken uns mit regionalen Leckereien im Biergarten des Restaurants der
Gymnicher Mühle.

Am Flutkanal

Etwa einen Kilometer nördlich der Gymnicher Mühle
liegt der Kerpener Bruch. Das ist ein ehemaliger Auenwald, der bis zum Bau des Erftflutkanals gegen Mitte
des 19. Jahrhunderts regelmäßig vom Hochwasser der
Erft überflutet wurde. Hier soll es noch Reste der in
Deutschland sehr selten gewordenen Hartholzauenwäl-
der geben, lediglich auf einem Prozent der Auenflächen
wächst bei uns noch naturnaher Auenwald. Den wollen
wir uns jetzt auf dem knapp zehn Kilometer langen, mit

Informationstafeln bestückten Rundwanderweg „Auenwald und Aquädukt" anschauen – nach dem guten Essen eben kein Problem.

Den ersten Abschnitt entlang des Erftflutkanals bringen wir zügig hinter uns. Rechts sehen wir Schloss Türnich, eines der letzten erhaltenen Barockschlösser im Rheinland. Die Schlosskapelle und der nach Demeter-Kriterien bewirtschaftete Obstpark sollen sehenswert und die biologisch produzierten Speisen und Getränke lecker sein, aber das heben wir uns für den nächsten Besuch auf. Eine Informationstafel am Flutkanal klärt

1 *Entdecken und erforschen in der Wasserwerkstatt*

2 *Vor der Gymnicher Mühle*

3 *Schloss Türnich*

uns über sogenannte „Neobiota" auf – das sind tierische und pflanzliche Neubürger, die heimische Arten verdrängen und dadurch ganze Ökosysteme aus dem Gleichgewicht bringen können.

Durch die Aue

An der nächsten Abzweigung halten wir uns links und kommen zu einem Aquädukt, wo seit eineinhalb Jahrhunderten die Kleine Erft den künstlich angelegten Flutkanal kreuzt. Wie das hier wohl ausgesehen hat, bevor

der Mensch die Landschaft aus Nützlichkeitserwägungen umgestaltet hat? Heute wissen wir es besser, doch die Renaturierungen unserer Flüsse kosten viel Geld und Mühen. Wie hieß doch der Filmerfolg aus

1 *Die „Dicke Eiche"*

2 *Lungenenzian*

3 *Blindschleiche*

den 1980er-Jahren? „Zurück in die Zukunft" – ein passendes Motto.

Nachdem wir eine Brücke über die Kleine Erft überschritten haben, laufen wir durch dichten Wald. Im zeitigen Frühjahr blühen hier Lungenkraut, Goldstern und Buschwindröschen. Schon bald stehen wir vor einer Flatterulme. Die kommt prima mit zeitweiliger Überflutung zurecht und gehört mit der Stieleiche, dem Bergahorn und der Esche zu den typischen Bäumen eines Hartholzauenwalds. Eine gewaltige Stieleiche ist auch das „Maskottchen" des Kerpener Bruchs: die „Dicke Eiche", die wir nach kurzer Wanderung erreichen. Bis zu 1.000 Jahre alt können diese Veteranen werden und im Verlauf ihres langen Lebens unzähligen Vögeln, Käfern, Schmetterlingen und Fledermäusen Nahrung und Unterschlupf bieten. Majestätisch!

Schmetterlinge auf Blütenpracht

Wir gehen ein paar Schritte zurück entlang einer Wiese und biegen rechts in eine Kastanienallee ein. Rosskastanien sehen schön aus und wurden früher gern als schmucke Alleebäume gepflanzt. Sie kommen aber eigentlich aus Südosteuropa und Kleinasien und sind daher in unseren Breiten anfällig für Schädlinge wie die Larve der Miniermotte, für Bakterien und Pilze. Da man einst in Deutschland dachte, im Osmanischen

UNTERKUNFT

Abseits der lauten Straßen, in einer wunderschönen Umgebung und dennoch zentral genug, um die Attraktionen rund um Köln schnell zu erreichen – wo es das gibt? Im Hotel zur Wasserburg in Kerpen. Zur Gymnicher Mühle sind es nicht einmal zehn Kilometer, nach Köln kommt man mit öffentlichen Verkehrsmitteln in rund 20 Minuten.

Hotel zur Wasserburg
Am Hubertushof 1
50171 Kerpen
Tel. 02275/91 99 00
www.hotel-zur-wasserburg.de

Reich würden Kastanien als Medizin für Pferde verwendet, entwickelte sich der Name Rosskastanie.

Auf der Wiese rechts von uns blühen Wiesenschaumkraut, Wiesenmargerite und Wiesenbocksbart. Die Blumen ziehen im Frühjahr und Sommer unzählige Schmetterlinge an, eine beinahe unwirkliche Idylle. Vogelgesänge begleiten uns, Ornithologen würden jetzt problemlos die Stimmen selten gewordener Arten wie Pirol und Schwarzkehlchen erkennen. Der Rest des Wegs ist ebenso schön wie pädagogisch wertvoll: Wir lernen, dass eine Esche – ebenfalls eine typische Baumart der Flussaue – bis zu 40 Meter hoch werden kann und damit zu den höchsten Baumarten in Europa zählt. Und wir erfahren, dass Totholz seinem Namen so gar keine

1 Auf der „Kastanienallee"

2 Totholz an der Kleinen Erft

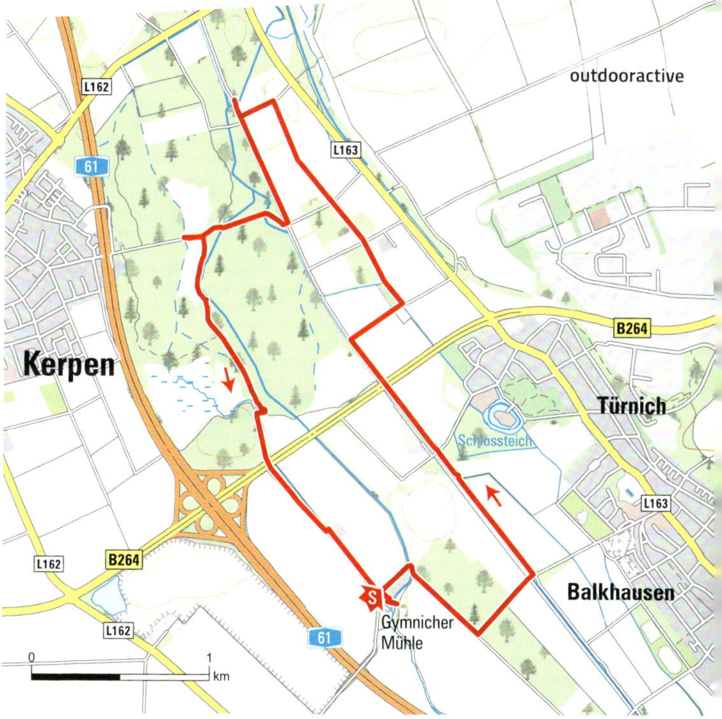
outdooractive
L162
L163
61
Kerpen
B264
Türnich
Schlossteich
L163
L162
B264
Balkhausen
L162
S
Gymnicher Mühle
61
0
1
km

Ehre macht, sondern neues Leben spendet für Pilze, Käfer, Amphibien und Vögel.

Die letzten Meter zurück zur Gymnicher Mühle begleiten uns entlang des Füllesgrabens elegante Libellen. Ebenso elegant schreitet der Reiher rechts von uns über die Wiese, auf der Suche nach Fröschen und Mäusen. Ein schöner Anblick, der uns den Abschied vom Kerpener Bruch nicht leicht macht.

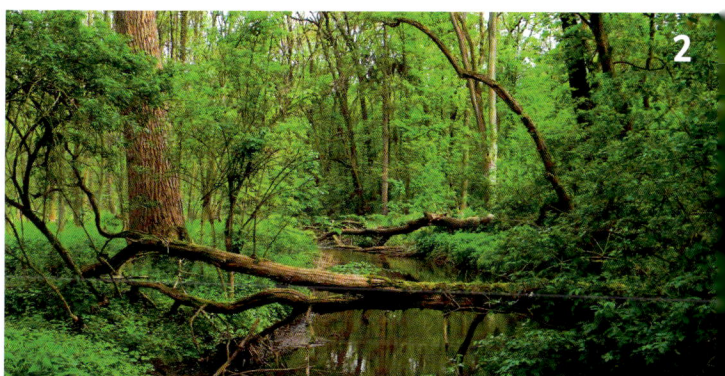

2

Weitere Tipps

Villeseen

Die mehr als 40 Seen und Weiher in der ehemaligen Braunkohlenregion Ville haben alle ihren eigenen Charakter. Während im Liblarer See gebadet und anderen sportlichen Aktivitäten gefrönt werden kann, ist der flache Franziskussee ein Paradies für rund 50 Vogelarten, darunter auch Teichrohrsänger, Zwergtaucher und Wespenbussard. Eine mit Schilf bewachsene Insel gilt als der größte Brutplatz der Sturmmöwe in Nordrhein-Westfalen. Auf dem Grund des Untersees blühen die seltenen Armleuchteralgen, die zu den ältesten Gewächsen der Erde gehören. Auf dem etwa 17 Kilometer langen Klüttenweg, der am Waldrestaurant Birkhof startet, bekommt man einen umfassenden Eindruck der Natur rund um die Villeseen.

www.rhein-erft-tourismus.de

Königsdorfer Forst

Circa 15 Kilometer westlich von Köln bilden die teilweise sehr alten Baumbestände des Königsdorfer Forsts ein wunderbares Wandergebiet. Spechte und Fledermäuse finden im Holz der betagten Eichen und Buchen Höhlen und Nahrung und in den Feuchtgebieten auf den Flächen der alten Klosterteiche leben Fadenmolch und Feuersalamander. Wer die Glessener Höhe im Norden

des Königsdorfer Forsts erklimmt, wird mit einem weiten Ausblick belohnt.

www.rhein-erft-tourismus.de

Königsforst

Im äußersten Osten Kölns, an der Grenze zu Bergisch Gladbach, liegt der Königsforst. Das geschlossene Waldgebiet wird von teilweise naturnahen Bachläufen durchzogen, in denen seltene Fischarten wie Schmerle und Groppe und mancherorts sogar der vom Aussterben bedrohte Edelkrebs anzutreffen sind. Einige Flächen fielen 2007 dem Orkan „Kyrill" zum Opfer; hier lässt sich gut beobachten, wie sich neuer Wald entwickelt. Im nordwestlichen Teil des Königsforsts befindet sich ein rund 50 Hektar großes Wildgehege mit Wildschweinen und Rotwild. Eine Kuriosität im Königsforst ist der Monte Troodelöh – die mit 118 Metern höchste natürliche Erhebung im Kölner Stadtgebiet wurde nach den drei städtischen Angestellten Michael Troost, Friedrich Dedden und Kai Löhmer benannt, die das Hügelchen am 12. November 1999 als Erste bestiegen und ein hölzernes Gipfelkreuz installierten.

www.königsforst.net

Service

ANFAHRT
Navi
Gymnicher Mühle 1, Erftstadt

ÖPNV
Von Köln mit der Regionalbahn
bis Erftstadt Bf., von dort mit
der Buslinie 920 bis Haltestelle
„Gymnicher Mühle"

ADRESSEN
Rhein-Erft Tourismus e. V.
Willy-Brandt-Platz 1
50126 Bergheim
Tel. 02271/99 49 94-0
www.rhein-erft-tourismus.de

Gymnicher Mühle
Gymnicher Mühle 1
50374 Erftstadt-Gymnich
Tel. 02237/65 74 38
www.naturparkzentrum-
gymnichermuehle.de
Öffnungszeiten Wassererlebnis-
park: Sommerhalbjahr in den
Schulferien Di–Do 10–19 Uhr,
außerhalb der Schulferien
Di–Fr 15–19 Uhr, Sa, Do,
Feiertage 10–19 Uhr
Eintritt: Erwachsene 2 €, Kinder
ab 2 Jahren 4 €
Öffnungszeiten Erftmuseum:
6. November–24. März Sa, So,
Feiertage 10–17 Uhr, 25. März–5.
November Di–Fr 15–19 Uhr,
Sa, So, Feiertage 10–19 Uhr
Eintritt: Erwachsene 2 €, Kinder
ab 2 Jahren 4 €, Kombiticket
Wassererlebnispark und
Museum: 4 €

Naturpark Rheinland
Willy-Brandt-Platz 1
50126 Bergheim
Tel. 02271/83 42 01
www.naturpark-rheinland.de

GASTRONOMIE
Café Schloss Türnich
50169 Kerpen-Türnich
Tel. 02237/97 46 91
www.schloss-tuernich.de
Öffnungszeiten:
Mi–So 11–18 Uhr

Gasthaus Gymnicher Mühle
Gymnicher Mühle 1
50374 Erftstadt-Gymnich
Tel. 02237/65 74 38
www.naturparkzentrum-
gymnichermuehle.de
Öffnungszeiten: Sa 12–17 Uhr,
So 10–17 Uhr

Restaurant Birkhof
Am Birkhof 1
50321 Brühl
Tel. 02232/950 04 68
www.birkhof-restaurant.de
Öffnungszeiten: Di–Fr ab 15 Uhr,
Sa ab 12 Uhr, So, Feiertage ab
11 Uhr

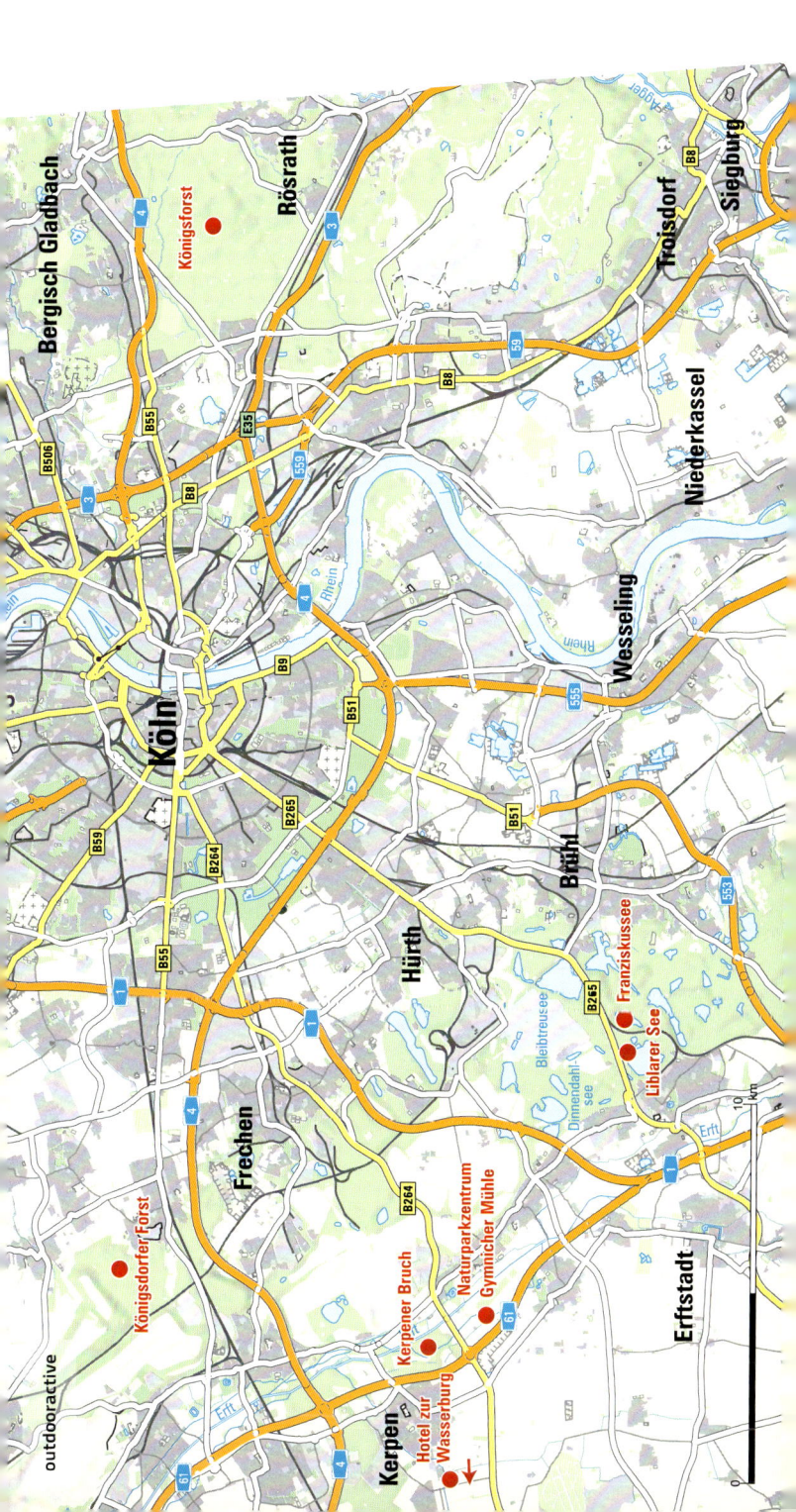

outdooractive

Bergisch Gladbach

Rösrath

Königsforst

Troisdorf

Siegburg

Niederkassel

Wesseling

Köln

Brühl

Hürth

Franziskussee

Liblarer See

Bleibtreusee

Dimmendahl-See

Frechen

Erftstadt

Königsdorfer Forst

Kerpener Bruch

Naturparkzentrum
Gymnicher Mühle

Kerpen

Hotel zur
Wasserburg

Rhein

Erft

Agger

B55
E35
B506
B8
B9
B51
B265
B264
B59
B55
B553
B555
B8
B8
559
559

1
3
4
3
59
61
61
4
1
4

10 km

KOLOSSE UND
SKULPTUREN

Siegerland-Wittgenstein

Die Region Siegerland-Wittgenstein liegt im südöstlichen Teil des Naturparks Sauerland-Rothaargebirge im Dreiländereck von Nordrhein-Westfalen, Hessen und dem rheinland-pfälzischen Westerwald. Über Jahrhunderte wurde hier Erz aus dem eisenhaltigen Gestein gewonnen, ähnlich wie im Bergischen Land boten die großflächigen Waldgebiete sowie die zahlreichen Quellen und Flüsse ideale Voraussetzungen für die Förderung und Produktion von wertvollen Metallen. Der Bergbau ist längst eingestellt, die verbliebenen Gruben- und Haldengelände sind mit ihren Stollen und Schächten heute der Lebensraum von hoch spezialisierten Pflanzen und Tieren.

Mit seinen Wäldern, Wiesentälern, Mooren und naturnahen Fließgewässern ist Siegen-Wittgenstein reich an Biotopen. Neben Fledermäusen sind es vor allem Amphibien wie der Kammmolch oder die Gelbbauchunke, die auch im europäischen Maßstab als schützenswerte Arten gelten. Aufgrund der früheren militärischen Nutzung hat sich auf dem ehemaligen Truppenübungsplatz „Trupbach" bei Siegen eine einzigartige Heidelandschaft entwickelt, die zum Nationalen Naturerbe zählt.

Mit dem WaldSkulpturenWeg, der Via Adrina, dem Wittgensteiner Schieferpfad und dem Wisentpfad gibt es hier in einem relativ kleinen Gebiet eine beeindruckende Anzahl ausgezeichneter Wanderrouten. Rund um den Rothaarsteig, einem der Top-Trails in Deutschland, wurden mit den „Rothaarsteig-Spuren" thematische Rundwanderwege eingerichtet, die spannende Einblicke in die Natur der Gegend erlauben – etwa zur Felsformation der „Trödelsteine". Das absolute Highlight der Region sind aber die Wisente, die seit 2013 frei durch die Wälder um Bad Berleburg streifen.

Gelbbauchunke

In der Wisent-Wildnis

Wisente

Am Anfang stand eine Vision: Eine Projektgruppe um den mittlerweile leider verstorbenen Prinz Richard zu Sayn-Wittgenstein, dem größten privaten Waldeigentümer in Nordrhein-Westfalen, hatte die Idee, in der waldreichsten Region Deutschlands Wisente anzusiedeln. Laubmischwald und ein nicht allzu trockenes Mittelgebirgsklima bieten ideale Lebensbedingungen für den europäischen Bison, das größte Landsäugetier auf unserem Kontinent, dessen letzter freilebender Vertreter 1927 im Kaukasus einer Gewehrkugel zum Opfer fiel. Ein paar Exemplare hatten in Zoologischen Gärten und Wildgehegen überlebt und bildeten die Basis für den Erhalt dieser mit weltweit nur etwa 5.000 Tieren immer noch vom Aussterben bedrohten Art.

Zehn Jahre Vorbereitung und eine dreijährige Eingewöhnungszeit für die Wisente waren nötig, bevor am 11. April 2013 eine achtköpfige Wisentgruppe in die Freiheit eines mehr als 10.000 Hektar großen Waldgebiets entlassen werden konnte. Nach der letzten Geburt eines Kälbchens im September 2017 ist die Herde auf 23 Tiere angewachsen. Wenn die ältesten Töchter von Wisentbulle Egnar geschlechtsreif werden, muss der Mensch wieder eingreifen: Um Inzucht zu verhindern, sollen Egnar und seine Söhne die Herde verlassen und durch einen neuen Bullen ersetzt werden.

1 *Auf Tuchfühlung mit den Wisenten*

2 *Wisente in einem naturnahen Gelände*

Scheue Kolosse

Wir wollten schon längst einmal bei den Wisenten vorbeischauen. Ein erster Versuch über den Wisent-Pfad, einen circa 13 Kilometer langen, abwechslungsreichen Rundweg nordwestlich von Bad Berleburg durch den Wisent-Wald, war leider gescheitert, wir hatten die scheuen Tiere nicht zu Gesicht bekommen. Dabei hatten wir uns das extrem spannend vorgestellt: Plötzlich steht ein zwei Meter hoher, drei Meter langer und bis zu einer Tonne schwerer Koloss vor uns im Wald. Ziemlich unrealistisch, denn wir hätten höchstens den donnernden Rückzug erlebt, schließlich haben die bis zu 60 Stundenkilometer schnellen Tiere eine Fluchtdistanz von rund 50 Metern.

Genauer ansehen können wir uns die Wisente in der etwa 20 Hektar großen „Wisent-Wildnis am Rothaar-

steig". Die wurde als „Guckloch" in das Artenschutz-
projekt angelegt, hier können wir aktuell elf Wisente
aus nächster Nähe beobachten. Ein rund drei Kilometer
langer Wanderpfad führt durch das naturnahe Gelände
mit seinen Felsen, Quellmulden, einem Bach und einem
kleinen Waldstück. Die Tiere sind von uns zwar durch
einen Zaun getrennt, erwecken aber nicht den Eindruck,
als fühlten sie sich in Gefangenschaft.

Die Herde zeigt sich

Auch in der „Wisent-Wildnis" brauchen wir etwas Geduld, bis wir die Tiere zu Gesicht bekommen – ein gutes
Zeichen und ein Beleg dafür, dass es sich tatsächlich um
ein ausgesprochen naturnah angelegtes Gelände handelt. Doch langweilig ist es keine Sekunde, dafür ist die
Aussicht auf große Tiere zu verlockend und der Weg zu
interessant. Wir klettern über Baumstämme und Felsen,
passieren einen „Dachsbau" und überqueren zweimal
einen Bach.

Dann sind sie uns auf einmal ziemlich nahe. Der
Große da muss Bulle Horno sein, mittlerweile auch
schon fast zehn Jahre alt. Kein Problem für einen statt-
lichen Wisent, der durchaus 20 Jahre und älter werden

UNTERKUNFT

Der Landgasthof „Jagdstuben Grünewald" liegt direkt an der Eder. Frühaufsteher können mit etwas Glück seltene Tiere am Fluss beobachten, sogar ab und zu einen Schwarzstorch. Die Zimmer sind einfach, aber gemütlich eingerichtet und zur Wisent-Wildnis ist es nur ein Katzensprung. Der Landgasthof wurde vom Trägerverein des Wisent-Projekts mit dem Label „Kompetenzbetrieb Wisent-Welt" ausgezeichnet. Die teilnehmenden Betriebe haben sich verpflichtet, ein anspruchsvolles Angebot rund um die Wisente zu fördern.

Landgasthof „Jagdstuben Grünewald"
Grünewald 1
57319 Bad Berleburg
Tel. 02759/801
www.jagdstubengruenewald.de

kann. Die beiden Kühe Faye und Fasel kamen 2011 aus dem Hanauer Wildpark nach Bad Belebung und sorgten gemeinsam mit Horno für regelmäßigen Nachwuchs. Etwas abseits grast Quelle, die von ihrer mittlerweile in Lettland lebenden Mutter Gutelaune nicht mit Milch ver-

1 *Die Wisent-Hütte*

2 *Ein mächtiger Kerl*

sorgt werden konnte und deshalb von „Wisent-Ranger"
Jochen Born und seiner Familie im Stall per Hand aufge-
zogen wurde. Dem jüngsten Spross der Herde, dem im
September 2017 geborenen Quito, geht es offensichtlich gut, quicklebendig tollt er durch das Gelände.

Der Weg der Wisente

Wir sind fasziniert und froh, diese imposanten Tiere
kennengelernt zu haben – und hoffen sehr, dass sie sich
irgendwann im Wittgensteiner Land oder anderen geeig-
neten Orten ihre Lebensräume in Freiheit erobern dürfen. So ganz trennen können wir uns von den Wisenten
heute noch nicht und besuchen deshalb die Wisent-Erlebnisausstellung in Bad Berleburg. Hier erfahren wir
viel über Verhalten und Biologie der Wisente und können
„ihren Weg" nachverfolgen, vom erstmaligen Erschei-
nen auf diesem Planeten bis zum Wiederansiedlungs-
projekt in Bad Berleburg. Abschließend erkundigen wir
uns, wo wir in der Nähe leckere regionale Küche genießen können. Die „Wisent-Hütte" wäre stilecht, doch wir
entscheiden uns heute für den Landgasthof „Jagdstuben
Grünewald", denn dort sind wir auch untergebracht –
und mit Küche wie Bett gleichermaßen zufrieden.

Weitere Tipps

Die Trupbacher Heide

Als das Belgische Militär die Trupbacher Heide ab 1994 nicht mehr zu Übungszwecken benötigte, sollte auf der rund 300 Hektar großen Fläche ein Gewerbegebiet entstehen. Vor allem dem Engagement lokaler Naturschützer ist es zu verdanken, dass die wertvollen Heideflächen und Magerrasen unter Schutz gestellt wurden. Heute findet man in dem Areal zahlreiche Pflanzen- und Tierarten, die andernorts längst verschwunden sind – Pflanzen wie das Echte Tausendgüldenkraut, das Berg-Sandglöckchen oder die Mondraute. Die selten gewordene Heidelerche schmettert über der Trupbacher Heide ihre Lieder und auch gefährdete Schmetterlinge wie Schwalbenschwanz, Wachtelweizen-Scheckenfalter, Kaisermantel oder Dukatenfalter leben hier.

Vom Parkplatz auf der Birlenbacher Höhe führen die beiden Wanderwege A 2 und A 4 in das Gebiet. Der Rundweg A 2 ist neun Kilometer lang, A 4 ist die um fünf Kilometer kürzere Variante.

www.nabu-siwi.de -> biotopschutz -> trupbacher-heide-siegen

Auf dem WaldSkulpturenWeg

Natur trifft Kultur – unter diesem Motto entstand in den Jahren 2000 bis 2010 der WaldSkulpturenWeg zwischen Bad Berleburg im Kreis Siegen-Wittgenstein und Schmallenberg im Hochsauerland. Einige der elf Skulpturen behandeln regionale Themen wie die historische Grenze zwischen dem katholischen Sauerland und dem protestantischen Wittgensteiner Land oder den früheren Hexenglauben. Andere Skulpturen thematisieren die Natur und die Beziehung der Menschen zu ihr. Der Weg verläuft ein Stück entlang des Rothaarkamms und kreuzt bei Kühhude den Rothaarsteig.

www.waldskulpturenweg.de

83

Service

ANFAHRT
Navi
Weidiger Weg 100,
Bad Berleburg

ÖPNV
Von Siegen mit der Regionalbahn
bis Bad Berleburg

ADRESSEN
**Touristikverband
Siegerland-Wittgenstein**
Koblenzer Straße 73
57072 Siegen
Tel. 0271/33 31 02-0
*www.siegerland-wittgenstein-
tourismus.de*

**Biologische Station
Siegen-Wittgenstein**
In der Zitzenbach 2
7223 Kreuztal-Ferndorf
Tel. 02732/76 77 34-0
*www.biologische-station-
siegen-wittgenstein.de*

Wisent-Wildnis am Rothaarsteig
Weidiger Weg 100
57319 Bad Berleburg-
Wingeshausen
Tel. 02751/920 55 35
www.wisent-welt.de
Öffnungszeiten: 30. Oktober–25.
März Di–So, Feiertage 10–15
Uhr, 26. März–27. Oktober
Di–So 10–17 Uhr
Eintritt: siehe Website
*Achtung: Für Besucher mit einge-
schränkter Mobilität und fehlender
Trittsicherheit sowie für Gäste mit*

*Kinderwagen und Ähnlichem ist
der rund drei Kilometer lange
Wanderpfad nicht geeignet. Als
Alternative bietet sich ein größten-
teils ebenerdiger und befestigter
Wirtschaftsweg (etwa 600 Meter
Länge) zu reduzierten Eintrittsprei-
sen an. Er erlaubt jedoch nur eine
eingeschränkte Sicht in das Gelände
und auch auf die Tiere.*

Wisent-Erlebnisausstellung
Alte Landratsvilla (Nebengebäude
Rathauses Bad Berleburg)
Poststraße 40
57319 Bad Berleburg
Öffnungszeiten: Mo–Fr 9–13 Uhr,
Di 13.30–15.30 Uhr, jeder 1. So
im Monat 13–17 Uhr
Eintritt: frei

GASTRONOMIE
**Landgasthof „Jagdstuben
Grünewald"**
Grünewald 1
57319 Bad Berleburg
Tel. 02759/801
www.jagdstubengruenewald.de
Öffnungszeiten: Di ab 17 Uhr,
Mi–Fr 11–14 Uhr und ab 17 Uhr,
Sa, So ab 11 Uhr

Wisent-Hütte
Weidiger Weg 100
57319 Bad Berleburg
Tel. 02759/94 69 86-0
www.wisenthuette.de
Öffnungszeiten: Di–Sa 11–17 Uhr,
So, Feiertage 10–17 Uhr

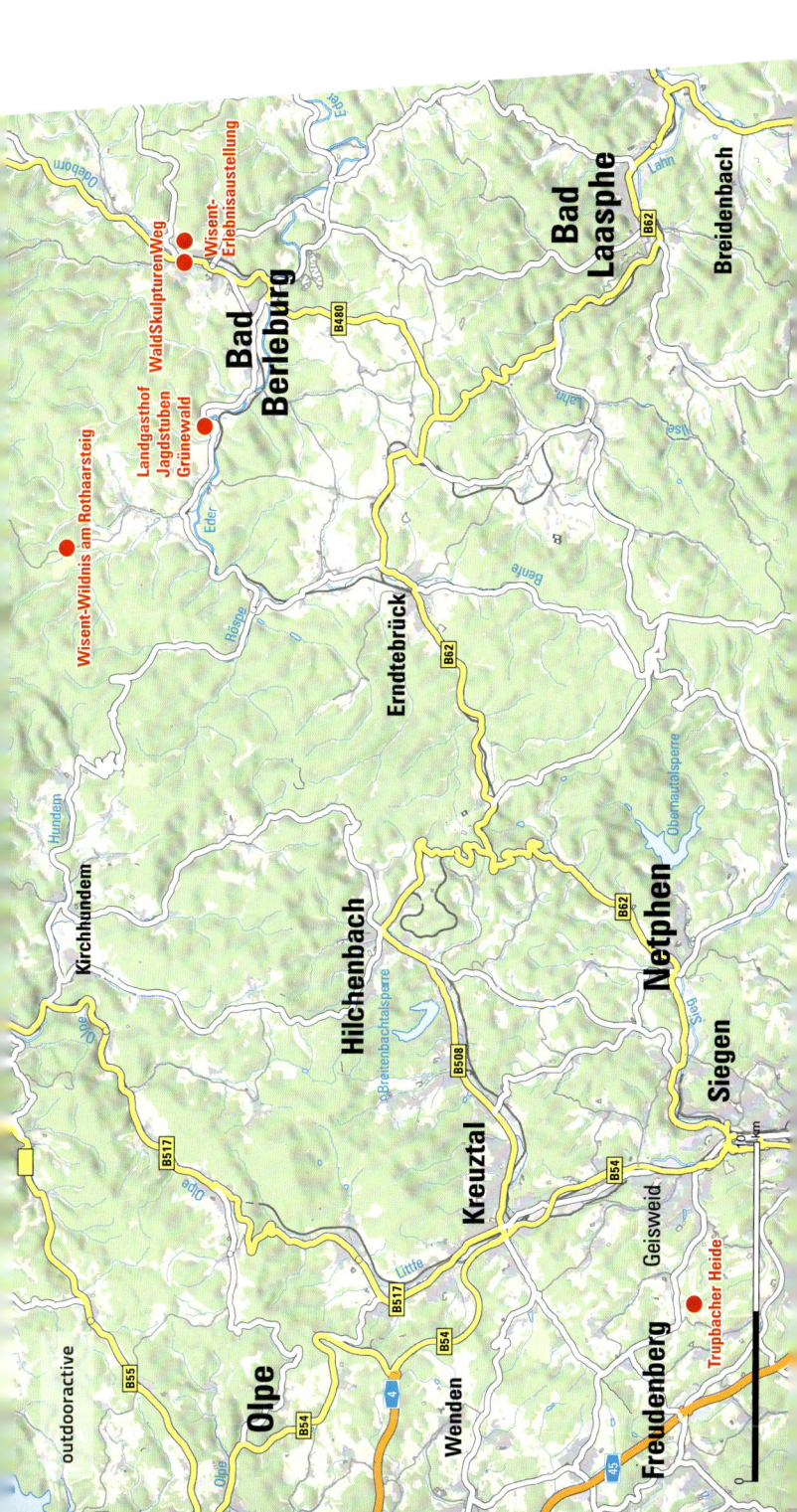

TOUR 6

Höhlen, Wald und ein Felsenmeer

Im Sauerland

Das Rothaargebirge zieht sich von Nord nach Süd durch das Sauerland. Da es in den Hochlagen häufig regnet und im Winter mancherorts eine geschlossene Schneedecke Wintersport ermöglicht, ist das Sauerland mit reichlich Wasser gesegnet. Viele der Bäche und kleinen Flüsse münden in Talsperren, die vor langer Zeit zur Wasserversorgung der wachsenden Bevölkerung des Ruhrgebiets angelegt wurden, heute aber vor allem Orte der Erholung sind.

Das Zusammenspiel von Wald und Wasser prägt große Teile des Sauerlandes. Von den sauberen Bächen profitieren Schwarzstorch und Feuersalamander. In den Wäldern dominieren Fichte und Buche, als ökologisch besonders wertvoll gelten Kalkbuchenwälder, wie sie etwa bei Elspe zu finden sind. Dort, in unmittelbarer Nähe zur Freilichtbühne, die jeden Sommer die Kulisse für die Karl-May-Festspiele bildet, finden sich mit Wacholder durchsetzte Halbtrockenrasen, auf denen im späten Frühjahr Orchideen wie das Weiße Waldvögelein und die Fliegen-Ragwurz blühen.

Die Medebacher Bucht im Nordosten des Sauerlandes hat ein trockeneres und wärmeres Klima. Hier brüten seltene Vogelarten wie Neuntöter, Feldlerche und Dorngrasmücke. Für Wanderer ist das Sauerland ein Paradies, neben zertifizierten Fernwanderwegen wie dem Rothaarsteig und dem Sauerland-Höhenflug führen zahlreiche Rund- und Themenwege sowie verwunschene Waldpfade durch das Gebiet. Zu den herausragenden Attraktionen des Sauerlandes zählen sicher die rund 1.000 bekannten Höhlen, von denen allerdings nur wenige für Besucher zugänglich sind.

Fliegen-Ragwurz

Atta-Höhle und Dechenhöhle

Der „Nixenteich"
in der Dechenhöhle

Zunächst versperrte eine gewaltige Wolke aus Staub und feinem Geröll die Sicht. Als die Arbeiter der Bigge- taler Kalkwerke am 19. Juli 1907 jedoch sahen, was sie bei ihren Sprengungen freigelegt hatten, trauten sie ihren Augen nicht: Sie hatten das Tor zu einem prächtigen Tropfstein-Wald aus Stalagmiten und Stalaktiten geöff- net. Das war die Geburtsstunde der Atta-Höhle, benannt nach jener legendären Fürstin, der die Stadt Attendorn ihren Namen verdankt. Mittlerweile gilt sie als eine der größten und schönsten Tropfsteinhöhlen in Deutsch- land und wird jedes Jahr von rund 200.000 Menschen besichtigt. Das wollen wir heute ebenfalls tun, im Rahmen einer circa 40-minütigen Führung.

Durch den etwa 80 Meter langen Zugangsstollen geht es hinab zu den bizarren Gebilden, die uns an Schlösser, gewaltige Drachenmäuler oder an Märchenfiguren er- innern. Wie muss sich der Mensch gefühlt haben, der diese Wunderwelt als Erster betreten hat? Die konstant neun Grad Celsius kühle Höhle ist insgesamt 6.670 Meter lang. Rund 1,8 Kilometer davon können wir uns an- schauen, der größere Abschnitt ist bislang noch für die Höhlenforschung reserviert.

Im Thronsaal der Fürstin

Langsam und mit staunend geöffnetem Mund geht es vorbei an Tropfsteinformationen wie dem „Nikolaus", dem „Osterhasen" und dem „Petersdom". Wir durchqueren die „Alhambragrotte", die „Ruhmeshalle" und den „Kristallpalast", bis wir schließlich den prachtvollen „Thronsaal" der Fürstin Atta erreichen. Durch die andächtige Stille meinen wir das Tropfen des Wassers zu hören, das die Steine innerhalb von zehn Jahren um einen Millimeter wachsen lässt.

Der Weg ist nicht anstrengend, und dennoch sind wir angesichts der uns umgebenden Pracht so angespannt, dass uns die „Gesundheitsgrotte" gerade recht kommt: Wir entspannen uns auf den Ruheliegen, atmen tief die klare, vollkommen schadstofffreie Luft ein und lassen die einzigartige Atmosphäre auf uns wirken. Die hält auch nach der Rückkehr an die Erdoberfläche noch lange an und lässt uns unsere Mahlzeit im Höhlenrestaurant

1 *In der Atta-Höhle*

2 *Bizarre Wunderwelten*

„Himmelreich" beinahe andächtig zu uns nehmen. Abschließend kaufen wir noch ein großes Stück des würzigen Atta-Käses, der in den Höhlengängen drei Monate bei einer konstanten Luftfeuchtigkeit von 95 Prozent reifen darf.

Alte Bärenknochen

Von den weiteren Höhlen des Sauerlandes interessiert uns besonders die Dechenhöhle in Iserlohn, die wir nach rund 50-minütiger Fahrt über die A 45 erreichen. Sie wurde bereits 1868 bei Felssicherungsarbeiten für den Bau einer neuen Bahnstrecke entdeckt und ist vor allem für ihre Tierfunde bekannt. Außerdem ist hier das Deutsche Höhlenmuseum angesiedelt, in dem wir noch mehr über die Geheimnisse der Sauerland-Höhlen zu erfahren hoffen. Auch die Führung durch die Dechenhöhle dauert circa 40 Minuten und auch hier haben die Attraktionen besondere Namen. Vom ersten Höhlenraum, der wegen seines kirchenähnlichen Gewölbes „Kapelle" heißt, geht es vorbei an der Stalagmitengruppe „Heilige Familie" durch einen Laubengang bis zur „Orgelgrotte" mit ihren prächtigen Tropfsteinkaskaden. In der „Königshalle" sehen

UNTERKUNFT

Das NaturHotel Steinbergs Wildewiese liegt inmitten eines schönen Wandergebiets und ist auch ein guter Ausgangspunkt für die Touren zu den in diesem Kapitel beschriebenen Sehenswürdigkeiten. Viele Zutaten der Restaurantküche im Hotel kommen aus den Bächen, Wäldern und Wiesen der Region. „Gastlichkeit am Ende der Welt" lautet das Motto, das kaum einen Wunsch offenlässt.

NaturHotel Steinbergs Wildewiese
Wildewiese 1
59846 Sundern
Tel. 02395/754
www.steinbergs-wildewiese.de

wir anhand alter Knochen, dass diese Höhle vor langer Zeit vor allem bei Bären sehr beliebt war.

In der „Kanzelgrotte" bewundern wir den „Kronleuchter", eine wunderschöne Gruppe von Stalaktiten. Eine Treppe führt uns ein paar Meter nach oben in die „Nixengrotte" mit ihrem geheimnisvollen Teich. Durch die „Höllenschlucht", die „Palmengrotte" und die „Kristallgrotte" kommen wir, vorbei an vier gewaltigen Stalagmiten, zur „Kaiserhalle" mit ihrer frei stehenden Steinkaskade. Schließlich gelangen wir durch die „Wolfsschlucht", den größten Raum der Höhle, über einen künstlich angelegten Stollen wieder ans Tageslicht.

1 *Besuchergruppe in der Dechenhöhle*

2 *Das Präparat einer Höhlenbärin mit Jungtie*

Große und kleine Tiere

Nach so vielen Attraktionen können wir uns kaum vorstellen, dass es im Deutschen Höhlenmuseum auch nur ansatzweise so interessant sein wird. Doch weit gefehlt: Die fünf Themenbereiche liefern uns nicht nur viele zusätzliche Informationen, etwa zur steinzeitlichen Höhlenmalerei, sondern warten auch mit beeindruckenden Exponaten wie dem Skelett eines Höhlenbären oder den lebensechten Präparaten einer Höhlenbärin mit ihrem Jungtier und eines gewaltigen Höhlenlöwen auf.

Die Tiere, die heute noch in Höhlen leben, sind nicht so groß, aber ebenso interessant, etwa Fledermäuse, Höhlenspinnen und blinde Höhlenfische. Besonders

spannend ist ein dunkler Raum, in dem wir die Stille einer Höhle „hören" können, nur unterbrochen vom leisen Tropfen des Wassers. Und auch die Dechenhöhle hat ihre kulinarische Spezialität, allerdings ist das hier ein Butterstollen, der für vier Wochen in der Höhle bei einer konstanten Temperatur und Luftfeuchtigkeit optimal reifen kann. Lecker!

Einfach nur staunen

Weitere Tipps

Wildwald Vosswinkel

Im Norden des Sauerlandes liegt Arnsberg, die alte Hauptstadt des Herzogtums Westfalen. Der historische Stadtkern und die Ruine des einstigen kurfürstlichen Schlosses sind auch einen zweiten Blick wert, doch für Naturfreunde ist der Wildwald Vosswinkel im Zentrum des Naturschutzgebiets Luerwald sicher die größte Attraktion. Die Laub- und Mischwälder sind mit ihren alten Bäumen, Erlensümpfen, Teichen und gewundenen Bachläufen ein Paradies für mehr als 60 Brutvogelarten, seltene Fische wie Bachneunauge und Groppe, für Feuersalamander und Geburtshelferkröte. Eine landesweite Besonderheit bilden die alten Eichenwälder mit einem der bedeutendsten nordrhein-westfälischen Vorkommen von Mittelspecht und Hirschkäfer. Auch Schwarzstorch, Kolkrabe und Uhu sind nach mehr als 100 Jahren wieder in den Wildwald zurückgekehrt.
Auf einem circa zwölf Kilometer langen Rundwegenetz mit Ansitzkanzeln, thematisch geordneten Waldstationen, Beobachtungspfaden und Stegen können Besucher hier Rot- und Damwild, Muffelwild oder Wildschweine in ihrer natürlichen Umgebung erleben. Ein Waldcafé und ein Abenteuerspielplatz für Kinder runden das Angebot ab. *www.wildwald.de*

Felsenmeer Hemer

Die wild zerklüftete Landschaft des Felsenmeers Hemer, direkt neben dem auf dem Gelände der Landesgarten-schau 2010 angelegten Sauerlandpark, sieht auf den ersten Blick aus wie die bizarre Laune einer gewaltigen übernatürlichen Kraft. Dabei waren es Menschen, die hier bereits vor etwa 1.000 Jahren Bergbau auf Eisen-stein betrieben und so eines der bedeutendsten Geotope Deutschland schufen. Natürliche Verkarstungsprozesse taten ihr Übriges.

Den besten Blick auf das Felsenmeer haben Besucher von einer barrierefreien Brücke aus, die über sonst un-zugängliche Felsformationen führt. Schwindelfreie ge-nießen den Blick vom Balkon, einer drei Meter breiten und 37 Meter langen Aussichtsplattform. Viele alte Bu-chen bilden gemeinsam mit den feuchten und kühlen Felsspalten einen besonderen Lebensraum, der stark gefährdeten Vogelarten wie dem Grauspecht oder dem Waldlaubsänger Rückzugsmöglichkeiten bietet. Die ausgewiesenen Wege dürfen auf keinen Fall verlassen werden, zum Schutz der Tiere und Pflanzen und wegen

zahlreicher unsichtbarer Klüfte und Spalten. Wer mag, kann anschließend noch die benachbarte Heinrichshöhle mit ihren Tropfsteingebilden und dem lebensechten Modell eines Höhlenbären besuchen.
www.hiz-hemer.de

Mit dem Ranger unterwegs

Auf den drei Fernwanderwegen Rothaarsteig, Sauerland-Höhenflug und Sauerland-Waldroute setzt der Landesbetrieb Wald und Holz Ranger ein. Die ausgebildeten Forstwirte, Forstwirtschaftsmeister sowie geprüften Natur- und Landschaftspfleger sind an ihren markanten Hüten zu erkennen und dienen Wanderern als Ansprechpartner. Daneben sind sie in der Umweltbildung tätig und kümmern sich um die Infrastruktur rund um die Waldwege. Sie kennen die Geheimnisse der Wälder im Sauerland besser als jeder andere und sind die idealen Guides. Deshalb ist es eine gute Idee, eine Führung mit einem Ranger zu buchen. Ab sieben Teilnehmern ist man dabei.

Ein „Rangerticket" für die meistens zwischen eineinhalb und zwei Stunden dauernden Führungen kostet
pro Person fünf Euro.
Ranger-Hotline: 02972/97 02 55
www.wald-und-holz.nrw.de

Service

ANFAHRT
Navi Atta-Höhle
Atta-Höhle, Attendorn

ÖPNV Atta-Höhle
Mit der Regionalbahn aus Hagen
oder Gießen bis Attendorn Bf.

Navi Dechenhöhle
Dechenhöhle, Iserlohn

ÖPNV Dechenhöhle
Von Iserlohn mit der
Regionalbahn bis Haltestelle
„Letmathe-Dechenhöhle"

ADRESSEN
Sauerland Tourismus
Johannes-Hummel-Weg 1
57392 Schmallenberg
Tel. 02974/20 21 90
www.sauerland.com

Atta-Höhle
Finnentroper Straße 39
57439 Attendorn
Tel. 02722/93 75–0
www.atta-hoehle.de
Öffnungszeiten: siehe Website
Eintritt: Erwachsene 9 €, Kinder
(5–14 Jahre) 5,50 €, Familien
(2 Erwachsene + 2 Kinder) 24 €,
jedes weitere Kind 5 €

Dechenhöhle
Dechenhöhle 5
58644 Iserlohn
Tel. 02374/714 21
www.dechenhoehle.de
Öffnungszeiten Höhle und
Museum: siehe Website
Eintritt (Höhle inkl. Museum):
Erwachsene 7 €, Kinder
(3–17 Jahre) 4,50 €

Wildwald Vosswinkel
Bellingsen 5
59757 Arnsberg-Vosswinkel
Tel. 02932/97 23-0
www.wildwald.de
Öffnungszeiten: tägl. 9–mind.
17 Uhr
Eintritt (Höhle inkl. Museum):
Erwachsene 4,50 € werktags,
am Wochenende 6,50 €, Kinder
(4–16 Jahre) 4 €/5 €, Familien
16 €/21 €

GASTRONOMIE
Höhlenrestaurant/Café
„Himmelreich"
Finnentroper Straße 39
57425 Attendorn
Tel. 02722/93 75–0
www.atta-hoehle.de

TOUR 7

GREIFVÖGEL UND EIN INDUSTRIEDENKMAL

Im Städtedreieck der Bergischen Drei

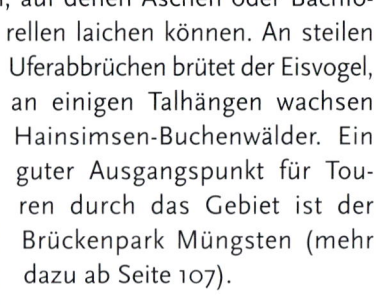

Die „Bergischen Drei", das sind Wuppertal, Remscheid und Solingen im Norden des Bergischen Landes. Hier begann der Siegeszug der Industrialisierung in Europa und auch heute noch stehen diese drei Städte vor allem für Technik und Kultur: Wuppertal mit der Schwebebahn und dem Von-der-Heydt-Museum, Remscheid mit dem Deutschen Werkzeug- und dem Deutschen Röntgenmuseum, Solingen mit seinen Messern und Schloss Burg, der größten rekonstruierten Burganlage in Nordrhein-Westfalen.

Eisenerz, Holz und Wasser schufen die Basis für die industrielle Entwicklung in dieser hügeligen Region. Wald und Wasser prägen auch den Naturraum im Westen des Bergischen Landes – das ideale Terrain für den Feuersalamander, der vor allem nachts unterwegs ist und im Schutz der Dunkelheit auf Nahrungssuche geht. Schwarzstorch und Uhu finden in den dichten Wäldern und auf entlegenen Felsen Rückzugsorte und Brutplätze – Wuppertal wurde vor einigen Jahren sogar zur europäischen Uhu-Hauptstadt ausgerufen.

Ein besonderer Naturschatz ist das Fauna-Flora-Habitat-(FFH)-Gebiet „Wupper von Leverkusen bis Solingen". Hier ist die Wupper über weite Strecken noch ein naturnaher Fluss, mal schneller und mal langsamer fließend, mit Kiesbänken, auf denen Äschen oder Bachforellen laichen können. An steilen Uferabbrüchen brütet der Eisvogel, an einigen Talhängen wachsen Hainsimsen-Buchenwälder. Ein guter Ausgangspunkt für Touren durch das Gebiet ist der Brückenpark Müngsten (mehr dazu ab Seite 107).

Uhu

Falknerei Bergisch Land und Brückenpark Müngsten

Bei der Ausbildung

Wer den Himmel zwischen Wuppertal, Remscheid und Solingen aufmerksam beobachtet, kann immer mal wieder Greifvögel entdecken: Mäusebussarde, Rotmilane, ab und an sogar einen Habicht oder einen Wanderfalken. Besonders nahe kann man diesen faszinierenden Tieren jedoch bei einem Besuch der Falknerei Bergisch Land kommen, hat man uns erzählt – das wollen wir heute ausprobieren. Nicht zuletzt die Lektüre von Helen Macdonalds Bestseller „H wie Habicht" hat uns neugierig gemacht. 2016 wurde die Falknerei in Deutschland übrigens in die UNESCO-Liste des Immateriellen Naturerbes aufgenommen.

Die Falknerei liegt abgeschieden ein paar Kilometer nördlich von Remscheid. Bei einem Rundgang schauen wir uns die circa 40 Greifvögel und Eulen ganz genau an: Falken, Bussarde, Geier, Sperbereulen, Adler ... alle Tiere wurden gezüchtet und nicht aus der freien Natur entnommen. Die Vögel sind entweder in großen Volieren oder an einen Stock gebunden, und wir können nicht leugnen, dass wir uns einen Seeadler oder einen Rotmilan viel eher in freier Wildbahn vorstellen möchten. Aber dort würden wir ihnen niemals so nahe kommen, uns ihrem durchdringenden Blick aussetzen, ihre unvergleichliche Schönheit bewundern und begreifen können, wie schützenswert diese Tiere sind. Ein kaum aufzulösender Widerspruch, mit dem auch Zoologische Gärten zu kämpfen haben.

Vielfältiges Angebot

Die Falknerei bietet ein abwechslungsreiches Programm: eine Wanderung mit einem Greifvogel oder eine Dämmerungswanderung mit einer Eule (beides ab 16 Jahren), Fotoworkshops oder eine Führung durch die Falknerei. Wir haben uns für die rund einstündige Flugshow entschieden, die bei gutem Wetter im Sommerhalbjahr täglich (mit Ausnahme des Montags) auf einer kleinen, von Buchen gesäumten Arena auf dem Falknereigelände stattfindet. Zum Glück haben wir uns rechtzeitig gute Plätze in der ersten Reihe gesichert.

Es wird ausgesprochen unterhaltsam, nicht zuletzt durch die launige Moderation von Falkner Karsten Schossow. Wir lernen einige Vögel etwas näher kennen, etwa die Schleiereule „Socke", die als Küken immer in einer menschlichen Socke Schutz und Wärme suchte. Manchmal fliegen die Vögel haarscharf über unsere Köpfe hinweg, aber berühren uns nie. Wir erfahren, dass auch große Vögel wie der Uhu viel weniger wiegen als vermutet, dass Weibchen in der Regel größer sind und

1 *Vertrauen zwischen Mensch und Tier*

2 *Schleiereule „Socke"*

dass Eulen so einiges besser können als wir Menschen, vor allem aber ihren Kopf um 270 Grad drehen, und wir haben unseren Spaß am zivilen Ungehorsam der Vögel, die mitunter in einem Baum verschwinden und dort oben grübeln, was Karsten Schossow und seine Helfer wohl jetzt wieder von ihnen wollen.

So vergeht die Zeit im wahrsten Sinne des Wortes „wie im Flug". Noch einmal drehen wir eine Runde durch die Falknerei, verabschieden uns von den Vögeln und machen zum Abschluss noch ein Erinnerungsfoto mit Schleiereule „Socke".

Natur trifft Technik

Von der Falknerei bis zum Brückenpark Müngsten sind es mit dem Auto nur etwa zehn Kilometer. Namens-

UNTERKUNFT

Das Apartment in dem idyllisch gelegenen, rund 300 Jahre alten Fachwerkhaus ist das ideale Quartier für einen Kurzbesuch im Bergischen Städtedreieck. Die massiven Naturholzmöbel tragen ebenso zum Wohlbefinden bei wie der Garten oder die Roller und Fahrräder, die für die großen und kleinen Gäste bereitstehen.

Bed and Breakfast Solingen
Keusenhof 15
42697 Solingen
Tel. 0212/713 71
www.bnb-solingen.de

geber des Parks war die bereits 1897 eröffnete Müngstener Brücke, ein Meisterwerk der Ingenieurskunst mit einem eindrucksvollen Brückenbogen und die höchste Eisenbahnbrücke Deutschlands. Unterhalb der Brücke wurde 2006 entlang der Wupper ein weitläufiger Park eingerichtet, mit ausgedehnten Wiesenflächen und Wanderwegen, die durch die Naturschutzgebiete „Tal- und

1 *Terrasse von „Haus Müngsten"*

2 *Die „Schwebebahn" über die Wupper*

Hangbereiche der Wupper" und „Wupperhänge südlich von Müngsten" bis hinauf nach Schloss Burg führen.

Besonders schön finden wir die Ufer- und Auenzonen an der Wupper, im Sommer lässt es sich hier wunderbar picknicken und sonnenbaden. Entspannen und toben – jeder kommt hier auf seine Kosten, und von den über die Wupper ragenden Aussichtsbalkonen kann man endlos nach Fischen Ausschau halten oder darauf hoffen, dass ein Eisvogel vorbeigeflogen kommt. Unser Nachwuchs versucht sich am „Müngstener Rätsel" – zehn Fragen, die von der Künstlerin Ulrike Böhme auf Bodenplatten geschrieben wurden und deren Antworten im Park verteilt sind.

Bevor wir es uns zum Abschluss des Tages im „Haus Müngsten" schmecken lassen, dem Besucherzentrum des Brückenparks mit einer rostroten Fassade und einem Restaurant mit leckerem Essen und Wupperblick, werden wir noch ein wenig über dem Wasser schweben. Mit der auf Seilen fahrenden Draisine über den Fluss am südlichen Ende des Parks, die wir mit unserer Muskelkraft langsam, aber stetig voranbringen, entdecken wir eine ganz neue, positive Bedeutung des Sprichworts „Über die Wupper gehen".

Weitere Tipps

Unterwegs mit den „Wupper-Tells"

Wer einen tiefen Einblick in die Naturschönheiten des Bergischen Städtedreiecks bekommen möchte, ist bei den „Wupper-Tells" an der richtigen Adresse. Die zertifizierten Naturführerinnen und Naturführer verknüpfen ihre Erkundungen der Buchenwälder, Bachtäler und der heimischen Tierwelt mit den Sagen, Märchen und Geschichten des Bergischen Landes. Zu den beliebten Familienangeboten gehören eine Führung durch das Naturschutzgebiet zwischen Schloss Burg und Müngsten oder eine Nachtwanderung durch den geheimnisvollen Flüsterwald.
Weitere Informationen, Kontakt und Buchung unter *http://wuppertell.bsmw.de*

Auf der Wupper

Die Wupper, lange Zeit über weite Strecken ein biologisch toter Industriefluss, hat sich mittlerweile zu einem hoch attraktiven und in manchen Abschnitten naturnahen Fließgewässer entwickelt. Nirgendwo lassen sich der Mittelgebirgsfluss und seine abwechslungsreichen Ufer besser erleben als auf einer Kanufahrt. WUPPERKANU bietet mehrere beeindruckende Touren an, unter anderem zwischen Burgholz und dem Brückenpark Müngsten. Hier wechseln sich kleine Stromschnellen und ruhige Bereiche ab, mit etwas Glück lassen sich Eisvögel, Wasseramseln und Reiher blicken. Die Pausenstation liegt auf einer einsamen Kiesbank inmitten des Flusses.
https://wupperkanu.de

Hildener und Ohligser Heide

Lange Jahre wurden die ausgedehnten Heideflächen zwischen Hilden, Solingen und Langenfeld von Schafen beweidet. Als sich die Schafhaltung im großen Stil nicht mehr lohnte, wurden die feuchten Heideflächen entwässert und aufgeforstet. Nur noch kleine Restbestände in den Naturschutzgebieten Hildener Heide, Ohligser Heide und Further Moor blieben erhalten und sind heute wertvolle Naturschutzgebiete. Auf den Feuchtwiesen blühen Orchideen und in den Heidemooren wachsen der fleischfressende Sonnentau, die Glockenheide und die Moorlilie. Über die trockenen, nach Süden und Westen ausgerichteten Hänge huschen Eidechsen, selbst die Heidenelke blüht hier noch mancherorts.

Beide Heidegebiete sind durch ein Wanderwegenetz erschlossen. Ein guter Ausgangspunkt für eine Wanderung durch die Hildener Heide ist der Wanderparkplatz Sandberg (Elberfelder Straße 175, Hilden), in die Ohligser Heide startet man am besten vom Engelsberger Hof (Solingen-Ohligs).

www.bergische-heideterrasse.net

Service

ANFAHRT
Navi Falknerei Bergisch Land
Grüne 1, 42855 Remscheid

ÖPNV Falknerei Bergisch Land
Der Startpunkt ist nicht an den
ÖPNV angebunden.

Navi Brückenpark
Müngstener Brückenweg 71
42659 Solingen

ÖPNV Brückenpark
Mit der S7 von Wuppertal,
Solingen oder Remscheid bis
Haltestelle „Schaberg"

ADRESSEN
Die Bergischen Drei
Bergisches Land Tourismus
Marketing e. V.
Kölner Straße 8
42651 Solingen
Tel. 0212/88 16 06 65
www.diebergischen3.de

Brückenpark Müngsten
Müngstener Brückenweg 71
42659 Solingen
www.brueckenpark-muengsten.de
Fahrzeiten Draisine: Sa/So 11
und 17 Uhr, vom 1. Dezember
bis zum 15. Januar geschlossen
Preise Draisine: Erwachsene
1 €, Kinder und Jugendliche
(3–15 Jahre) 50 Cent,
Fahrradmitnahme 50 Cent

Falknerei Bergisch Land
Grüne 1
42855 Remscheid
Tel. 0172/250 26 46 (ab 18 Uhr)
www.falknerei-bergischland.de
Öffnungszeiten:
Sommersaison Di–Sa 14.30–17
Uhr, So/Feiertage 10.30–17 Uhr,
Wintersaison So 13–15 Uhr

GASTRONOMIE
Haus Müngsten
Müngstener Brückenweg 71
42659 Solingen
Tel. 0212/23 39 32 00
www.haus-muengsten.de
Öffnungszeiten:
Di–So 10–18 Uhr

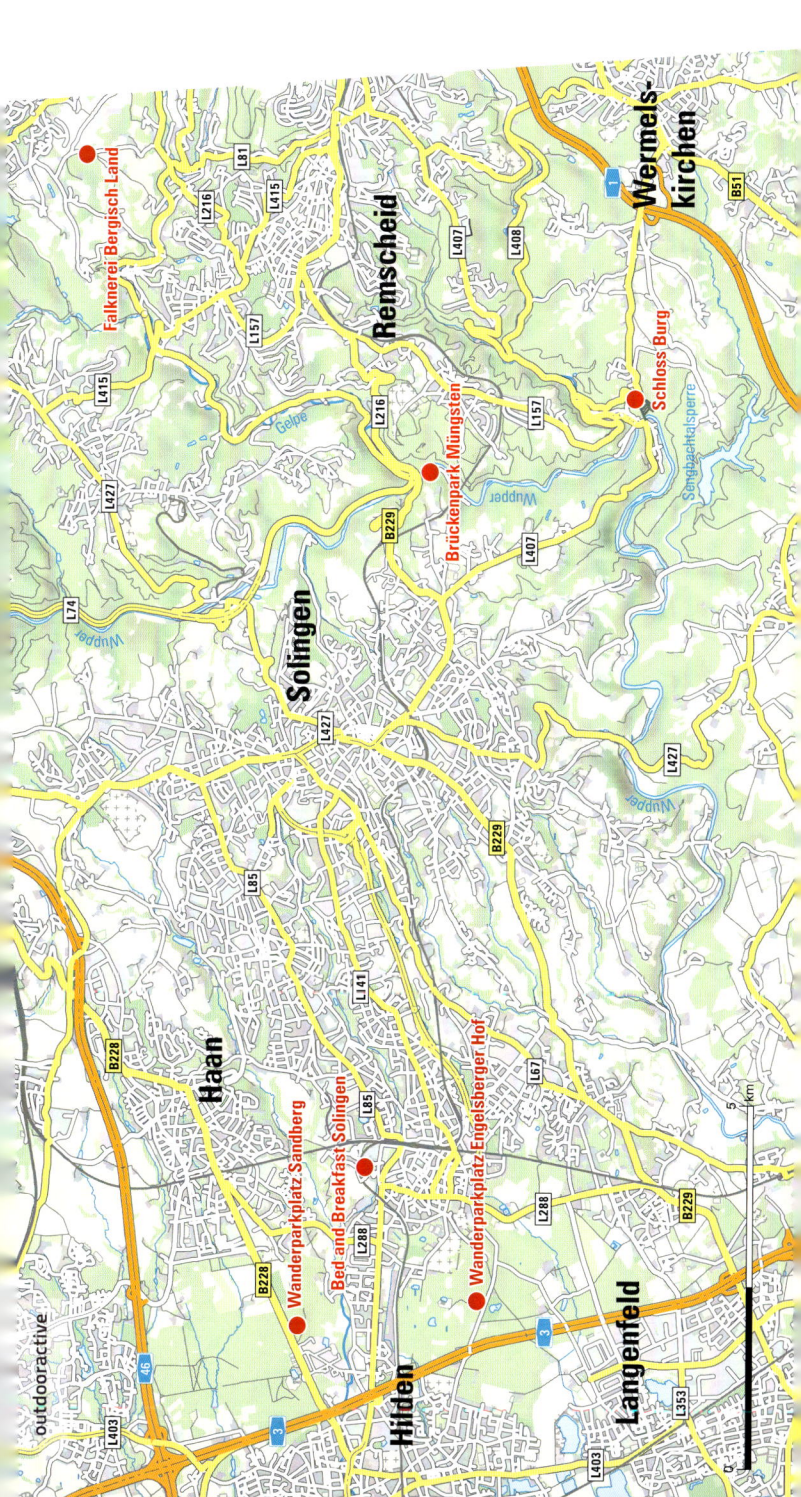

TOUR 8

GROSSSTADT-PARADIESE

Naturentdeckungen in Düsseldorf

Denkt man an die nordrhein-westfälische Hauptstadt, kommt einem so manches in den Sinn. Karneval, Altbier, Kunst, Shoppen – aber Natur? Diese Bildungslücke sollte zügig geschlossen werden, denn in den zwölf Naturschutzgebieten Düsseldorfs herrscht Vielfalt pur – von den wertvollen Rheinauen über den Benrather Stadtpark bis hin zum Eller Forst, dem ältesten Naturschutzgebiet in Düsseldorf.

Das größte Naturschutzgebiet der Stadt, die Urdenbacher Kämpe, ist als eine der letzten noch regelmäßig überfluteten Auenlandschaften am Niederrhein eine ökologische Kostbarkeit. Neben den Auenwäldern mit Weiden, Eichen und Eschen prägen vor allem die zweimal pro Jahr per Hand gemähten Bürgeler Wiesen das Gebiet. Die Überschwemmungen versorgen die Flächen mit Nährstoffen und sorgen so für eine beispiellose Blütenpracht – vom Wiesenschaumkraut im zeitigen Frühjahr über den Großen Wiesenknopf bis hin zur violetten, ebenso schönen wie giftigen Herbstzeitlose Ende September.

Auf den Streuobstwiesen in der Urdenbacher Kämpe stehen mehr als 800 Birnen- und rund 400 Apfelbäume, mit alten regionalen Sorten wie der Birne „Köstliche von Charneux" oder dem Kaiser-Wilhelm-Apfel. Schafe und Rinder grasen entspannt unter den Bäumen, in deren Höhlen der Steinkauz brütet und Siebenschläfer ihrer Lieblingsbeschäftigung nachgehen. Wie nahezu jede Flussaue ist auch die Urdenbacher Kämpe ein Vogelparadies. Mehr als 70 Arten brüten hier, darunter Kostbarkeiten wie Eisvogel, Teichrohrsänger, Dorngrasmücke und Pirol.

Eisvogel

Durch die
Urdenbacher Kämpe

*Waldweg in der
Urdenbacher Kämpe*

Wer die Urdenbacher Kämpe erkunden möchte, hat mehrere Optionen. Ein guter Ausgangspunkt für Wanderungen ist zum Beispiel der Wanderparkplatz „Piels Loch" am Baumberger Weg. Die Biologische Station für die Stadt Düsseldorf und den Kreis Mettmann mit Sitz in Haus Bürgel hat sieben Erlebnisrouten mit unterschiedlichen Schwerpunkten ausgearbeitet. Eine mit 2,5 Kilometern eher kurze, aber sehr reizvolle Tour ist zum Beispiel „Stadt-Land-Rhein", wo man eine von zwei Graureiherkolonien im Gebiet beobachten, den Rheinblick genießen und die Mündung des Urdenbacher Altrheins entdecken kann.

Wir wollen gern einen umfassenden Eindruck der Urdenbacher Kämpe bekommen und entscheiden uns daher für die rund 10 Kilometer lange Route „Natur pur". Start ist am Haus Bürgel – das trifft sich gut, dem ehemaligen Römerkastell und heutigen Museum wollen wir später ohnehin noch einen Besuch abstatten. Der erste Abschnitt führt uns ein Stück durch „klassischen", in Deutschland sehr selten gewordenen Hartholzauenwald

mit Eichen, Eschen und Ulmen. Als wir den Wald verlassen, riechen wir bereits den Fluss – wir halten uns links und stehen schon bald am Rheinufer. Auf der anderen Rheinseite sehen wir Teile der früheren mittelalterlichen Feste Zons.

Siesta am Rheinufer

Das Rheinufer hält uns eine Weile fest. Fast könnte man von einem kleinen Strand sprechen, mit Sand, Steinen und Muscheln. Hier kann man wunderbar den Tag vertrödeln – wir lassen flache Kiesel über das Wasser springen, sammeln Muscheln und allerlei angeschwemmtes Treibgut, beobachten Enten, Gänse und Kormorane, schauen den Schiffen hinterher und lassen uns einfach die Sonne ins Gesicht scheinen.

1 *Graureiher bei der Jagd*

2 *Blick über den Rhein auf die Feste Zons*

3 *Ein Sommertag am Rhein*

Da die Urdenbacher Kämpe jedoch noch viel mehr zu bieten hat, raffen wir uns auf und folgen dem großen Strom ein Stück flussabwärts bis zur Rheinfähre Zons–Urdenbach (siehe Seite 125). Oberhalb der Zufahrt gönnen wir uns im lauschigen Innenhof von „Haus Ausleger" eine leckere Zwischenmahlzeit. Anschließend folgen wir dem Straßenverlauf ein Stück nach Norden, bis wir nach wenigen Hundert Metern rechts in einen Feldweg einbiegen. Schon bald erreichen wir eine malerische Streuobstwiesenlandschaft, und da wir im Spätsommer unterwegs sind, müssen wir die reifen Früchte nur aufheben. Natürlich teilen wir die köstlichen Äpfel und Birnen gern mit den Pferden auf einer angrenzenden Koppel, die solche Gaben offenkundig bereits erwarten.

Altrhein und Blütenpracht

Anschließend biegen wir rechts ab und laufen ein Stück parallel zum Urdenbacher Altrhein. Hier floss noch vor rund 700 Jahren der Hauptstrom des Rheins in einem mäandernden Bogen, bis eine extreme Flut den Flussverlauf verlagerte. Seitdem 2014 der frühere Sommerdeich an zwei Stellen geöffnet wurde, strömt heute Rheinhochwasser in den Bach und sorgt für eine dynamische Auenentwicklung. 22 Fischarten sollen hier wieder leben, darunter Seltenheiten wie Groppe und Steinbeißer.

1 *Wiesenknopf*

2 *Aurorafalter an Wiesenschaumkraut*

3 *Neuntöter*

4 *Wasservögel im Baumberger Hamm*

Schließlich biegen wir rechts ab. Der schmale Pfad führt durch eine Wiesenlandschaft, und was für eine: Die schonend bewirtschafteten Bürgeler Wiesen gehören zu den wertvollsten Bereichen in der Urdenbacher Kämpe. In manchen Wochen ist die Blütenpracht frappierend, Glockenblumen, Wiesen-Salbei, Acker-Witwenblume, Kronwicke und Wiesenknopf sind eine Labsal für das Auge und Nektarquelle für Schmetterlinge wie Aurorafalter, Tagpfauenauge, Admiral und Distelfalter.

Ein lebendiger Tümpel

Hier würden wir gern länger verweilen, die Stille und den betörenden Blütenduft genießen. Doch wir haben noch etwas vor, marschieren weiter und kommen nach

UNTERKUNFT

Aufwachen mit Blick auf das Benrather Schloss, wandern im Benrather Schlosspark, einem Gartendenkmal mit prachtvollen alten Bäumen und einer reichen Tier- und Pflanzenwelt – das Schloss Hotel Benrath im Düsseldorfer Süden ist der ideale Ausgangspunkt für Naturerkundungen rund um die nordrhein-westfälische Landeshauptstadt.

Schloss Hotel Benrath
Erich-Müller-Straße 2
40597 Benrath
Tel. 0211/971 52-0
www.schloss-hotel-benrath.de

einem auch im Hochsommer zumeist feuchten Wiesenbereich an einen Feldweg. Still ist es jetzt nicht mehr, im dichten Gebüsch links von uns singen Zaunkönig, Heckenbraunelle und Neuntöter. Nachdem wir über eine kleine Brücke den Altrhein überquert haben, werfen wir von einem Aussichtspunkt einen Blick in die Aue, in der sich Weiden und Schilf immer weiter ausdehnen.

Wir wenden uns in Richtung Südwesten. Schilf sehen wir jetzt auch rechts von uns, dahinter verbirgt sich das Baumberger Hamm. Das ist ein großer Tümpel, der sich seit circa 700 Jahren aus Grundwasser, Regen und Hochwasser speist und mitunter ganz trockenfällt. Wir pirschen uns durch eine Lücke im Schilfgürtel, auf dem Wasser tummeln sich Enten und sogar ein paar Zwergtaucher. Die Wasserfrösche sind lediglich zu hören und die markanten Schilfburgen der Bisamratte würden wir erst im Winterhalbjahr zu sehen bekommen. Das wollen wir auch, denken wir auf dem Rückweg, der uns zunächst am Ortsrand von Baumberg und dann vorbei an einer Schafkoppel mit Obstbäumen und einigen urigen Kopfweiden zurück nach Haus Bürgel führt.

Auf Haus Bürgel werden auch Pferde gezüchtet.

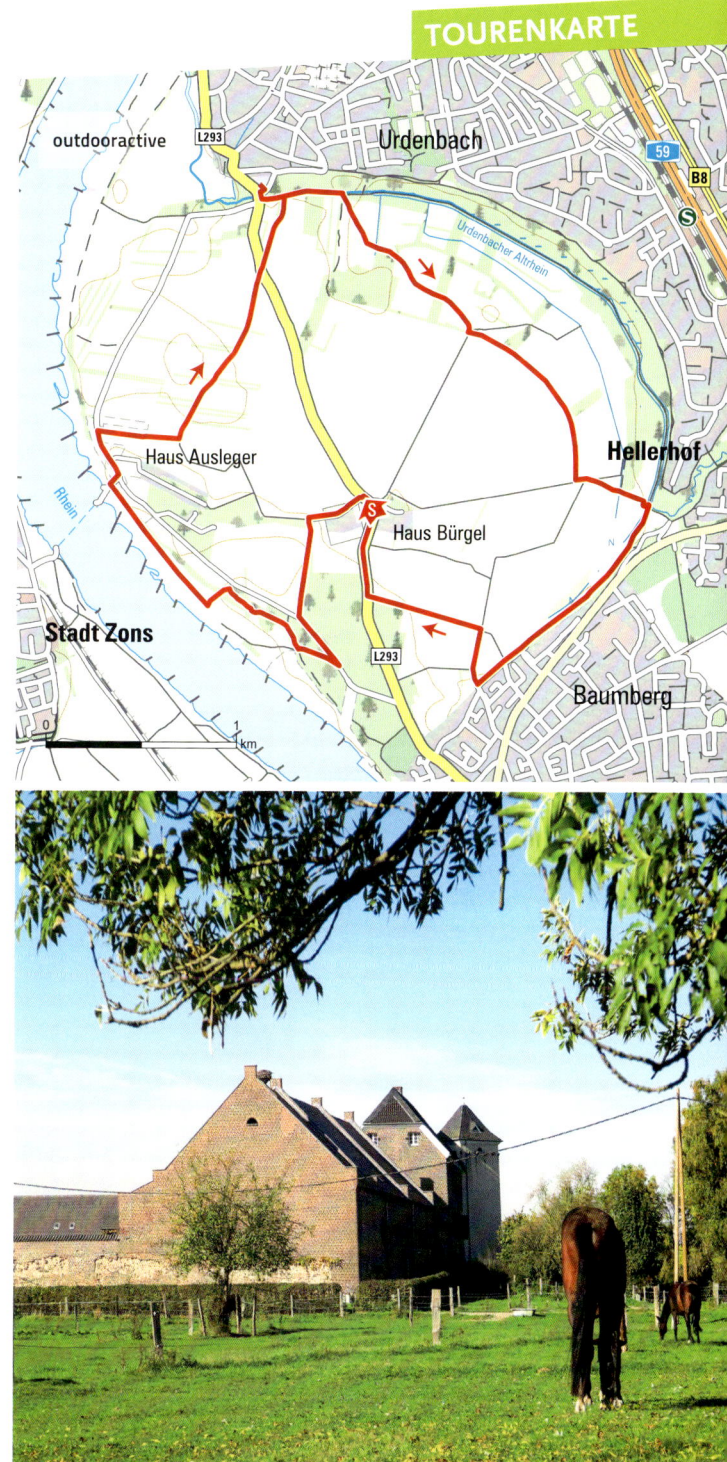

outdooractive

L293

Urdenbach

59

B8

S

Urdenbacher Altrhein

Haus Ausleger

Hellerhof

Rhein

N

Stadt Zons

S

Haus Bürgel

L293

Baumberg

km

Weitere Tipps

Römisches Museum Haus Bürgel

Haus Bürgel war früher ein Römerkastell. Aus dem Römischen kommt auch der Begriff „Kämpe", nämlich von Campus (Feld). Seit mehr als 100 Jahren werden hier Kaltblutpferde gezüchtet, auch die Biologische Station Düsseldorf/Kreis Mettmann – unter anderem zuständig für die Pflege der Urdenbacher Kämpe – hat hier ihren Sitz. Das Römische Museum in Haus Bürgel erinnert an die Geschichte dieses Orts. Die Dauerausstellung zeigt zahlreiche Ausgrabungsfunde aus römischer Zeit, die das Leben unter römischer Besatzung wieder lebendig werden lassen. Ein Außenpfad entlang der archäologischen Fundstätten führt die Besucher an den ehemaligen Kastellmauern mit römischer Bausubstanz vorbei, und an der Südseite der einstigen Kastellmauern kultiviert die Biologische Station in Hochbeeten alte Gemüse- und Kräuterpflanzen, mit denen Germanen, Römer und Vertreter späterer Epochen ihre Speisen kochten und würzten.

www.haus-buergel.monheim.de -> roemisches-museum

Zons mit Zonser Grind

Eine Wanderung durch die Urdenbacher Kämpe lässt sich wunderbar mit einem Besuch im linksrheinischen Zons verbinden. Nach einer kurzen Überfahrt mit der Rheinfähre zwischen Urdenbach und Zons gelangt man in die bereits im 14. Jahrhundert gegründete ehemalige kurkölnische Zollfeste Zons, die kaum etwas von ihrem historischen Charme eingebüßt hat. Sehenswert sind vor allem der bereits 1388 erbaute Rheinturm und die Windmühle mit ihrem hölzernen Mahlwerk aus dem 17. Jahrhundert. Am nördlichen Rand von Zons beginnt das Zonser Grind, eine der selten gewordenen naturnahen Auenlandschaften am Rhein. Der Weichholzauenwald mit großen Beständen der Schwarzpappel gilt als ein Lebensraum von gesamteuropäischer Bedeutung. Hier brüten unter anderem Steinkauz, Tirol, Kleinspecht und Nachtigall. Auf den Wiesen des Gebiets wachsen typische Pflanzen eines Stromtals, wie Orientalischer Bocksbart, Skabiosen-Flockenblume und Wiesen-Salbei. Wo noch bis 1988 eine Fähre hinüber nach Benrath fuhr, lädt das traditionsreiche Fährhaus „Pitt-Jupp" mit einem schönen Biergarten zur Rast.
www.zons-am-rhein.info

Eller Forst

Die Urdenbacher Kämpe ist das größte, der Eller Forst das älteste Naturschutzgebiet in Düsseldorf. Hier, im südöstlichen Teil der Landeshauptstadt, ist der Boden an manchen Stellen sehr feucht, im Winter stehen die Bäume dort manchmal wochenlang im Wasser. Lediglich die Erle überlebt solche Bedingungen. Die Gräben und Tümpel dieses Erlenbruchwalds sind ein Paradies für Molche, Erdkröten und Grasfrösche sowie für etliche der 41 Vogelarten, die im Eller Forst vorkommen. Wo es etwas trockener ist, wachsen Eichen, Eschen und Hainbuchen. Von einem Weg, der über mehrere Holzbrücken führt, kann man im Frühjahr sogar die Europäische Wasserfeder beobachten, eine schöne und sehr seltene Wasserpflanze. Auf einer großen Feuchtwiese mit Röhricht und Seggen brütet im Frühjahr der Teichrohrsänger.

www.duesseldorf-tourismus.de

Im Neandertal

Seitdem 1856 im Tal der Düssel zwischen Mettmann und Erkrath frühmenschliche Skelettreste gefunden wurden, ist das Neandertal weltbekannt und hat der Freizeitregion „Neanderland" im Kreis Mettmann den Namen gegeben. Ein Besuch des Neanderthal Museums in Mettmann gehört zum absoluten Pflichtprogramm, doch Naturfreunde sollten unbedingt im Eiszeitlichen Wildgehege Neandertal vorbeischauen. Hier tummeln sich Tarpane, Wisente und Auerochsen in einer abwechslungsreichen Landschaft mit Hoch- und Talwiesen, bewaldeten Hängen und dem malerischen Tal der Düssel. Eine Wanderung auf dem Rundweg dauert etwa 80 Minuten.

www.neanderthal.de
www.wildgehege-neandertal.de

Service

ANFAHRT
Navi
Haus Bürgel
Urdenbacher Weg 1, Monheim

ÖPNV
Mit der Buslinie 788 ab
Düsseldorf-Benrath in Richtung
Monheim, Haltestelle
„Haus Bürgel"

ADRESSEN
Düsseldorf Tourismus GmbH
Benrather Straße 9
40213 Düsseldorf
Tel. 0211/17 20 20
www.duesseldorf-tourismus.de

**Biologische Station Haus Bürgel
Stadt Düsseldorf –
Kreis Mettmann e. V.**
Urdenbacher Weg
40789 Monheim am Rhein
Tel. 0211/996 12 12
www.biostation-D-Me.de
Infos zu den Erlebnisrouten
unter *www.auenblicke.de*

GASTRONOMIE
Fährhaus „Pitt-Jupp"
Grind 6
41541 Dormagen
Tel. 02133/22 01 22
www.fährhaus-pitt-jupp.de
Saisonbetrieb April bis Oktober,
Öffnungszeiten: siehe Website

Landgasthof Haus Ausleger
Am Ausleger 4
40593 Düsseldorf
Tel. 0211/718 34 24
www.hausausleger.de
Öffnungszeiten: Fr 17–21 Uhr,
Sa 15–20 Uhr, So 12–19 Uhr,
Betriebsferien
18. Dezember–1. März

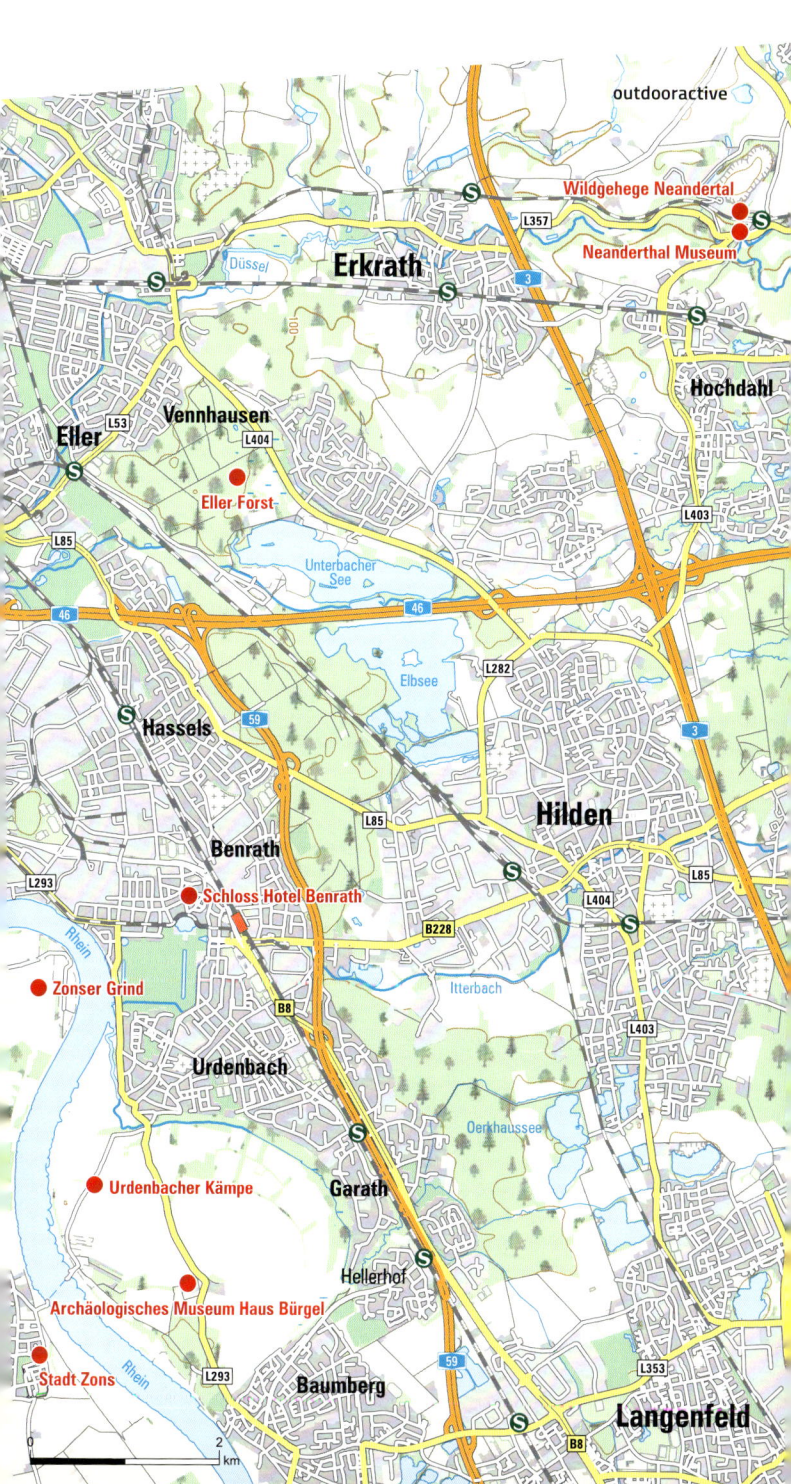

outdooractive

Wildgehege Neandertal

Neanderthal Museum

L357

Erkrath

3

Hochdahl

L403

Düssel

Vennhausen

L53

Eller

L404

Eller Forst

L85

Unterbacher See

46

Elbsee

L282

3

Hassels

59

L85

Hilden

Benrath

L293

Schloss Hotel Benrath

L404

B228

Zonser Grind

Itterbach

L85

B8

L403

Urdenbach

Oerkhaussee

Urdenbacher Kämpe

Garath

Rhein

Archäologisches Museum Haus Bürgel

Hellerhof

Stadt Zons

Rhein

L293

Baumberg

59

L353

Langenfeld

B8

0   2
        km

TOUR 9

NEUES GRÜN
AUS ALTEM GRAU

Industrienatur im Ruhrgebiet

Als eine Jury der EU-Kommission mit Essen erstmals in der Geschichte der „Green Capital" eine Stadt der Montanwirtschaft zur „Grünen Hauptstadt Europas 2017" erklärt hatte, rief das durchaus Erstaunen hervor: ausgerechnet Essen, eines der früheren Zentren jener Industrie, die zwar lange Jahre maßgeblich verantwortlich war für den wirtschaftlichen Aufschwung in NRW und ganz Deutschland, aber ebenso für große Umweltprobleme? Doch nicht nur in Essen, sondern an zahlreichen Orten des Ruhrgebiets finden sich heute auf Industriebrachen, Bergbauhalden und weiteren Flächen mit besonderen Standortbedingungen viele Tiere und Pflanzen, die in Deutschland auf den Roten Listen stehen.

Ein wesentlicher Faktor für das „Ergrünen" des Ruhrgebiets ist die Renaturierung des Emschersystems. Bis in die 1990er-Jahre galt die Emscher als der dreckigste Fluss Europas. Seit rund 25 Jahren wird die ehemalige „Köttelbecke" wieder zu einem sauberen Fluss und bekommt über weite Strecken ihr einstiges Bett zurück. Herzstück dieses „Jahrhundertprojekts" ist ein etwa 400 Kilometer langes unterirdisches Kanalsystem, das künftig die Abwässer aufnehmen wird. Oberirdisch lockt schon heute der Emscher Landschaftspark, der im Jahr 2020 eine Gesamtfläche von circa 500 Quadratkilometern umfassen soll.

Die interessantesten Industriestandorte wurden nach ihrer Stilllegung und Sanierung über die „Route Industriekultur" für die Öffentlichkeit zugänglich gemacht. Eine eigenständige Themenroute ist die „Route Industrienatur" mit 19 Standorten, vom Landschaftspark Duisburg Nord im Westen bis in den Osten des Ruhrgebiets zur Halde Sachsen in Hamm. Vor Ort können sich Besucher anhand von Schautafeln über die jeweiligen Standorte und ihre besonderen Tier- und Pflanzenvorkommen informieren.

Stinkender Storchschnabel

Auf Zeche Zollverein

Am Ende siegt die Natur.

Kaum ein Ort verkörpert den rasanten Wandel im Ruhrgebiet so sehr wie die Zeche Zollverein. Bis 1986 wurden hier insgesamt rund 240 Millionen Tonnen Kohle abgebaut und nebenan, in der ehemals größten Kokerei Europas, täglich bis zu 5.000 Tonnen Koks produziert. Seither hat sich Zollverein, von vielen Experten als „schönste Zeche der Welt" bezeichnet, zu einem äußerst lebendigen Denkmal der Industriekultur entwickelt, mit verschiedenen Museen, Veranstaltungsorten, Cafés und Restaurants und sogar einem Schwimmbad. 2001 wurde die Zeche Zollverein von der UNESCO zum Weltkulturerbe ernannt.

Doch Zollverein bedeutet nicht nur Industriekultur, sondern auch ganz viel Industrienatur. So war es kein Zufall, dass die Hauptveranstaltung des bundesweiten GEO-Tags der Natur im Juni 2017 auf Zollverein stattfand. Mehr als 70 Forscher notierten innerhalb von 24 Stunden über 800 Arten, darunter überraschende Entdeckungen wie die Schmalblättrige Miere, die im Ruhrgebiet als ausgestorben galt, die Hirschzunge sowie die sehr seltene Blauflügelige Prachtlibelle, die den Naturfreunden am Borbecker Mühlenbach vor die Kamera flog.

Neubürger und Extremisten

Insgesamt wurden bislang auf dem Zechengelände mehr als 540 Farnarten und Blütenpflanzen, rund 100 Flechten, etwa 60 unterschiedliche Vogelarten sowie eine Vielzahl an Schmetterlingen, Wildbienen, Amphibien und Fledermäusen entdeckt. Diese Pracht lässt sich im Rahmen von Führungen erkunden, wir wollen es aber auf eigene Faust versuchen. Dafür starten wir in Areal A, in unmittelbarer Nähe zum RUHR.VISITORCENTER, einen circa zweistündigen Rundgang über den ausgewiesenen Naturpfad, der uns auf zwölf Stationen, durch frisch gewachsene Birkenwäldchen und umgebaute Gleisanlagen, über die Tiere und Pflanzen auf Zollverein informieren wird.

1 Industriedenkmal inmitten von Grün

2 Neophyten auf Zollverein

3 Blauflügelige Prachtlibelle

Die erste Station handelt von „Neophyten", pflanzlichen Neubürgern, die per Schiff und Bahn als „blinde Passagiere" ins Ruhrgebiet gelangten und sich hier ausgesprochen wohlfühlen. Bei manchen Naturschützern sind sie nicht sehr beliebt, da sie heimische Pflanzen verdrängen können, aber es ist unbestritten ein schöner Anblick, wenn sich im Sommer Goldruten und Nacht-kerzen, Schmalblättriges Greiskraut und Fliederspeer, Schmetterlingsflieder und Knopfkraut in ihrer Blüten-pracht gegenseitig übertrumpfen. Nur wenige Tiere und Pflanzen halten es auf der Kohlenschlammfläche rund um die Rückriem-Skulptur „Castell" im Skulpturenwald aus, einer weiteren Station des Naturpfads. Hier kann der Boden im Sommer über 60 °C heiß werden. Wir würden uns hier auch nicht wohlfühlen und bewundern die Moose, Flechten und einige Heuschreckenarten, die sich von den extremen Bedingungen nicht abschrecken lassen.

Laute Kröten und Färberpflanzen

Auf dem folgenden Streckenabschnitt sehen wir, wie sich die Natur dynamisch und in verschiedenen Stadien entwickelt – von noch unbesiedelten Flächen über Pionierpflanzen, Stauden und Büsche bis hin zu einem lichten Industriewald mit anspruchslosen Baumarten wie Robinie, Birke, Bergahorn und Salweide. Munterer Gesang lässt uns erkennen, dass sich hier vor allem Vögel heimisch fühlen. Die trinken ab und zu aus den teilweise

1

1 *Junger Ahorn*

2 *Kreuzkröte*

sommertrockenen Tümpeln und Pfützen, die uns an der nächsten Station präsentiert werden und die Kreuzkröten, Bergmolchen und verschiedenen Libellen einen Lebensraum bieten. Würden wir bis zur Abenddämmerung warten, könnten wir die Rufe der Kreuzkröte mehr als einen Kilometer weit hören.

Weiter geht es entlang prägnanter Bergehalden, mit dem Gestein, das beim Abbau der Steinkohle aus der Erde geholt wurde. Auf den nährstoffarmen Böden können nur Spezialisten wie Birken, Robinien und Weiden überleben. Wesentlich lebendiger erscheint uns da die nächste Station, der Färbergarten rund um das ehemalige Stellwerk mit 24 Pflanzen, aus deren Blüten, Blättern,

Früchten, Wurzeln oder Rinden Farben gewonnen werden können. Dazu gehören traditionelle Färberpflanzen wie Waid, Krapp und Saflor, aber auch Malve, Johanniskraut und Holunder, die sich von selbst auf dem Gelände angesiedelt haben.

Blick von oben auf Zollverein

UNTERKUNFT

Eine Naturoase im südlichen Ruhrgebiet erleben die Gäste von Wegermann's BIO-Landhaus im Wodantal bei Hattingen, am Rande des Naherholungsgebiets „Elfringhauser Schweiz". Die Zimmer sind in hellen und warmen Farben im italienischen Landhausstil eingerichtet. Im Restaurant kommen die meisten Produkte von Bioland NRW, der Fisch stammt aus Bio-Aquakulturen oder aus Wildfängen und das Fleisch ist Naturland-zertifiziert.

Wegermann's BIO-Landhaus
Wodantal 62
45529 Hattingen
Tel. 02324/39 50 10
www.wegermanns-bio-landhaus.de

Paradies ohne Gifte

Im Sommer wimmelt es auf Zollverein von Faltern, Libellen, Käfern, Heuschrecken, Schwebfliegen und Wildbienen – allesamt Arten, die es in ihren ursprünglichen Lebensräumen mittlerweile sehr schwer haben und deren teilweise massiver Rückgang zu bundesweiten Diskussionen zwischen Naturschützern, Landwirten und Politikern führt. Schließlich dienen sie vielen weiteren Tieren als Beute, sind die wichtigsten Bestäuber für zahllose Pflanzen und stehen an der Basis unseres Ökosystems. Auf dem Zechengelände gibt es keine Insektizide, die ihnen das Leben schwer machen.

Davon profitieren auch die Fledermäuse, die sich tagsüber in den Ritzen und Spalten der alten In-

Großer Abendsegler

dustriebauten verstecken und nachts auf Insektenjagd gehen. Während Zwergfledermäuse das ganze Jahr über auf Zollverein leben, lassen sich Großer Abendsegler und Rauhautfledermaus nur im Frühjahr hier blicken. Hinter der Kokerei, auf den früheren Gleisen, wachsen Schmetterlingsflieder und junge Bäume. Hier erkennen Ornithologen an manchen Tagen den Gesang von Stieglitz und Klappergrasmücke.

Jäger und Beute

An der letzten Station erfahren wir, welche Tiere die ungenutzten Gebäude auf den Arealen von Zeche und Kokerei heute bewohnen. Dass es hier Mäuse gibt, haben wir uns schon gedacht. Dass aber auch Eulen und sogar Turm- und Wanderfalken auf Zollverein leben, empfinden wir als eine Besonderheit – allerdings beinahe logisch, wenn sie in dem Gebiet ausreichend Mäuse und andere Beute fangen können. Leider sehen wir heute keinen der eleganten Greifvögel, dafür aber mehrere Hausrotschwänze, die in den Mauernischen ihre Nester gebaut haben.

Wir haben viel Gesprächsstoff, als wir uns im Biergarten des Restaurants „Die Kokerei" niederlassen und uns mit Ruhrpott-Klassikern wie „Henkelmann" (Hähnchengeschnetzeltes) oder „Pannschüppe" (Schnitzel) stärken. Wären wir in der Vorweihnachtszeit hier, könnten wir auch den Welterbe-Honig „Zechengold" kaufen. Der wird nämlich von Bienenvölkern produziert, die auf dem Dach der auf Zollverein ansässigen RAG Montan Immobilien-Unternehmenszentrale leben. Gibt es ein schöneres Symbol für die Versöhnung von Industrie und Natur?

Honig vom Weltkulturerbe

Weitere Tipps

Landschaftspark Duisburg-Nord

Ein wichtiger Teil des Emscher Landschaftsparks ist der Landschaftspark Duisburg-Nord. Hier wurden über 82 Jahre in einem Hüttenwerk auf einer Fläche von mehr als 200 Hektar insgesamt rund 37 Millionen Tonnen Roheisen produziert. Nachdem das Werk stillgelegt worden war, brachte der damalige Eigentümer, die Landesentwicklungsgesellschaft NRW, das Gelände als Projekt in die von 1989 bis 1999 laufende Internationale Bauausstellung Emscher Park ein. So wurde das Areal zu einem Landschaftspark entwickelt, in dem Kultur, Tourismus, Naherholung, Naturschutz und Ökologie ihren Platz haben.

Schon 2001 staunten die Wissenschaftler, die im Rahmen des dritten GEO-Tags der Artenvielfalt die Natur im Landschaftspark unter die Lupe nahmen: Insgesamt 1.800 Tier- und Pflanzenarten zählten die Zoologen und Botaniker, darunter allein 100 Käferarten, Edelfische wie Zander und Hecht oder bedrohte Pflanzen wie die Kornrade und den Zottigen Klappertopf. Im Bereich der früheren Bahngleise blühen Stauden wie die Nachtkerze, die Goldrute oder der Natternkopf. Vogelarten wie Mönchsgrasmücke, Heckenbraunelle oder Gelbspötter leben hier, für die Kreuzkröte hat die Biologische Station Westliches Ruhrgebiet einige Pioniergewässer eingerichtet. Zahlreiche Wanderwege führen durch den Landschaftspark, in dem man sich auf einer Länge von mehr als drei Kilometern davon überzeugen kann, dass die Renaturierung der Alten Escher funktioniert. *www.landschaftspark. de*

Halden-Hügel-Hopping

Eine besondere Form des Naturerlebens im nördlichen Ruhrgebiet ist das sogenannte Halden-Hügel-Hopping. Auf zwölf Thementouren erfahren die „Bergwanderer" an rund 150 Erzählstationen alles über den Strukturwandel in den Bergbaufolgelandschaften des Westens. Dass es hier überhaupt Hügel gibt, ist bereits auf menschlichen Einfluss zurückzuführen: Viele der Halden sind auf dem ursprünglich platten Land durch den Abraum im Bergbau entstanden. Nach dem Ende der Kohleförderung wurden sie begrünt und sind heute Lebensraum für verschiedene Tier- und Pflanzenarten.

So tummeln sich am Fuß der Halde Hoheward in den Hochstaudenfluren im Frühling und im Sommer viele Schmetterlinge. Im Herbst lassen sich vom Plateau der Halde mit etwas Glück ziehende Kraniche beinahe auf Augenhöhe beobachten. Auf der Halde Rheinelbe fliegen Libellen wie die Blaugrüne Mosaikjungfer oder der Vierfleck an kleinen beziehungsweise nur zeitweilig vorhandenen Gewässern, ideale Laichorte für Kreuz- und Erdkröten. Die Halde Rheinpreußen in Duisburg wurde zur Heimat zahlreicher Heuschreckenarten.

www.halden-huegel-hopping.de

Service

ANFAHRT
Navi
Fritz-Schupp-Allee, Essen

ÖPNV
Von Essen mit der
Straßenbahnlinie 107 bis
Haltestelle „Zollverein"

ADRESSEN
Ruhr Tourismus GmbH
Centroallee 261
46047 Oberhausen
Tel. 01806/18 16 20
www.ruhr-tourismus.de

Informationszentrum
Emscher Landschaftspark –
Haus Ripshorst
Route Industrienatur
Ripshorster Straße 306
46117 Oberhausen
Tel. 0208/88 33 48-3
www.metropoleruhr.de ->
freizeit-sport -> natur-erleben ->
route-industrienatur

UNESCO-Welterbe Zollverein
Gelsenkirchener Straße 181
45309 Essen
Tel. 0201/24 68 10
www.zollverein.de
Führungen: Anmeldung und
Information: Tel. 0201/24 68 10,
denkmalpfad@zollverein.de
Termine: April–Oktober jeden
2. Sa im Monat 14 Uhr
Kosten: Erwachsene 9,50 €,
erm. 6 €, Familienticket 22 €

GASTRONOMIE
Die Kokerei
Kokereiallee 71 – Gebäude C70
45141 Essen
Tel. 0201/83 01 29-8
www.die-kokerei.de
Öffnungszeiten:
Di–So 12–20 Uhr

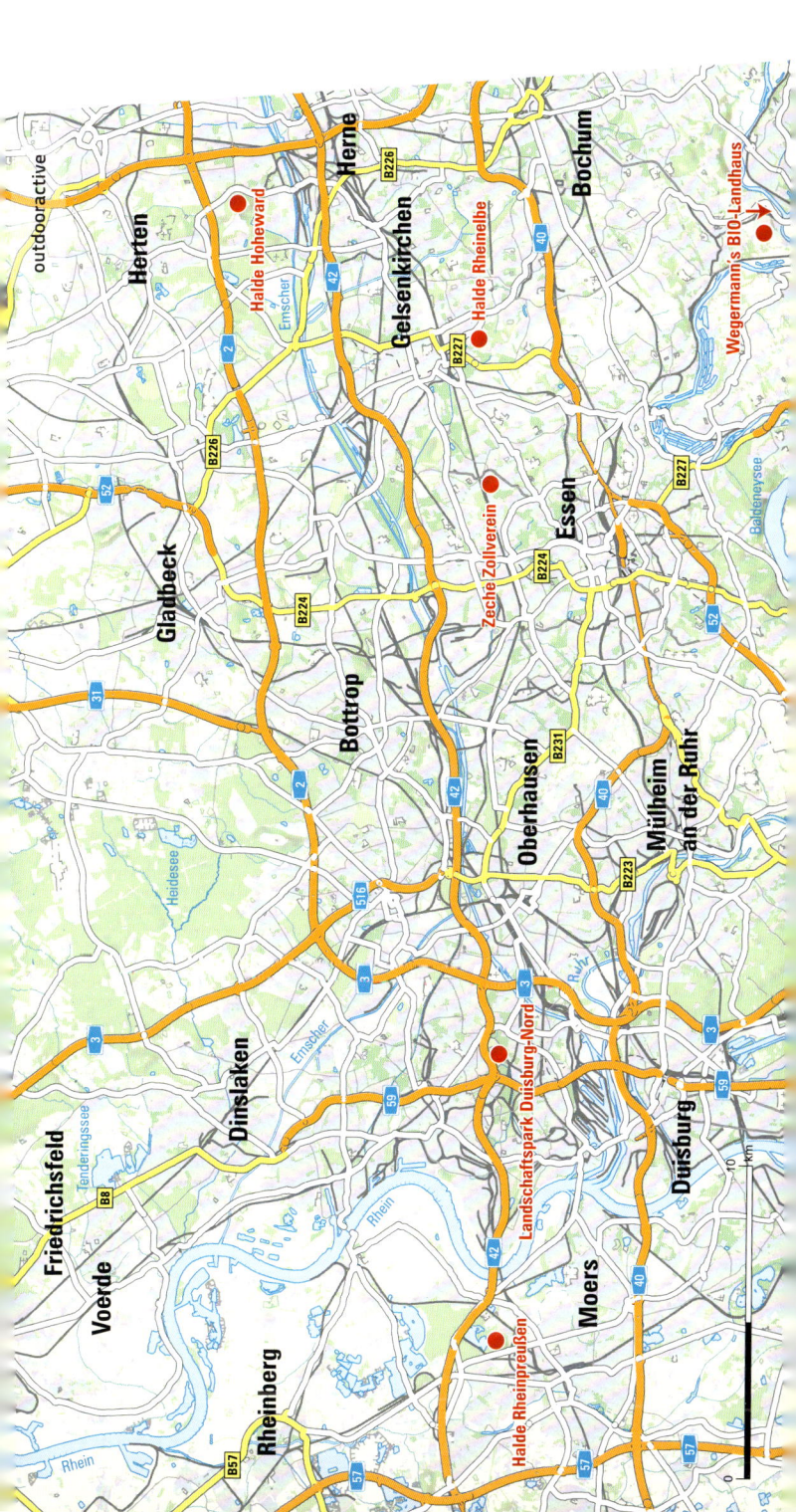

TOUR 10

Zwischen Maas und Rhein

Landschaften am Niederrhein

Die Eiszeit und die Dynamik von Rhein, Maas und zahlreichen kleineren Flüssen haben die Landschaft des Niederrheins geprägt. Noch vor 250.000 Jahren schoben sich gewaltige Eismassen ins Land und stauten Geröll auf. So wuchs die rund 70 Kilometer lange Hügelkette zwischen Kleve und Krefeld, mit Arealen wie der Sonsbecker oder der Hinsbecker Schweiz, die man am Niederrhein eher nicht vermuten würde. Der Rhein und seine Nebenflüsse veränderten in den Jahrtausenden immer wieder ihren Verlauf – so entstand das Nierstal nicht durch das Flüsschen Niers, sondern durch den Rhein, der sich einst hier seinen Weg gebahnt hatte.

Doch auch der Mensch prägte diese Region, ohne sein Wirken stünde am Niederrhein fast überall Wald. Vor allem durch landwirtschaftliche Nutzung entstanden artenreiche Feuchtwiesen, Heideflächen und ausgedehnte Streuobstwiesen, die längst durch eine wachsende Bevölkerung, eine intensive Agrarindustrie sowie den Kies- und Sandabbau unter enormen Druck geraten sind.

Doch noch gibt es Schutzgebiete und naturnahe Refugien am Niederrhein, die den Besuch lohnen. Dazu gehören einige Auenlandschaften, die – wieder durch menschliche Bemühungen – der zumeist begradigten Wasserstraße Rhein abgetrotzt werden. Dazu gehören die Dingdener Heide und Wälder wie der Reichswald oder der Brachter Wald. Und das EU-Vogelschutzgebiet Unterer Niederrhein ist eines der größten binnenländischen Vogelschutzgebiete in Deutschland. Hier brüten gefährdete Arten wie Uferschnepfe, Rotschenkel, Wachtelkönig, Trauer- und Flussseeschwalbe.

Blumenwiese in Nettetal

Verwunschene Auenlandschaft

Auf der Bislicher Insel

Friedrich der Große war es. Der ließ nämlich 1786, als der Rhein noch in einer Schleife südlich der Bislicher Insel vorbeifloss, den Lauf des Flusses zum Schutz vor Hochwasser und für die Schifffahrt durch den Bislicher Kanal begradigen. So entstand ein stiller Altarm, der zunehmend verlandete und heute nur noch bei Hochwasser mit dem Rhein verbunden ist. Dann erobert sich der Strom sein altes Bett zurück und überflutet weite Teile der mehr als 1.000 Hektar großen Bislicher Insel.

Dabei entstehen zahlreiche stehende Gewässer und sogenannte Kolke, das sind kleine, mit Wasser gefüllte Vertiefungen. Der Wechsel aus trockenen und Überschwemmungsphasen sorgt für eine beständige Dynamik mit stetigen Veränderungen des Landschaftsbilds sowie der gesamten Flora und Fauna. Durch angeschwemmte Nährstoffe wachsen viele Pflanzen in Auen ohnehin besonders üppig. Als eine der letzten großen naturnahen Auenlandschaften am Niederrhein steht die Bislicher Insel heute großflächig unter Naturschutz.

AuenGeschichten

Umso schöner, dass wir uns dieses seltene Kleinod aus der Nähe betrachten können. Wir beginnen mit der Theorie, genauer gesagt mit der Ausstellung „AuenGeschichten" im NaturForum Bislicher Insel. Das ist ein

Informationszentrum mitten im Schutzgebiet, das vom Regionalverband Ruhr in den Gebäuden des früheren Eyländer Hofs eingerichtet wurde. Hier können wir uns in Ruhe auf unseren Rundgang vorbereiten: Wir erfahren, wie vielfältig eine Flussaue ist und wie moderner Hochwasserschutz aussieht, und lernen einiges über die Tiere und Pflanzen auf der Bislicher Insel.

Davon soll es hier nämlich eine ganze Menge geben. Doch da die meisten davon ein Leben im Verborgenen führen, ist es wunderbar, dass wir einige der Inselbewohner in der Ausstellung kennenlernen – wie den Eisvogel oder den scheuen Biber, kleine Käfer und Insekten oder den Teichrohrsänger, der verborgen im Schilf lebt, dort lieber klettert als fliegt und seine rhythmischen, oft

1 *Neue Einblicke*

2 *Mensch und Tier in der Ausstellung*

3 *Einfach ausprobieren*

endlos erscheinenden Gesänge vorträgt. Über eine Infrarotkamera erhalten wir Einblicke in eine Biberburg, das Storchennest sowie in die Kormoran- und Reiherkolonie. Die vielfältigen Gerüche einer Aue testen wir an der Duftsäule – die mehr als 30 Stationen der Ausstellung machen große Lust auf einen Erkundungsgang.

Vielfalt auf engstem Raum

Den machen wir jetzt. Das unmittelbare Außengelände lädt mit seinen Bänken, alten Obstbäumen und einem Teich bereits wieder zum Verweilen ein, doch wir wollen die Insel erkunden. Der Weg führt uns nach Süden in Richtung Altrhein. Ein alter RWE-Trafoturm fällt uns auf, der 2014 zu einem Artenschutzturm umgestaltet wurde – mit Vogelnisthilfen, Insektenquartieren sowie Unterschlupfmöglichkeiten für verschiedene Fledermausarten, wie etwa Zwerg-, Rauhaut-, Wasser- und Breitflügelfledermäuse sowie den Abendsegler.

Insgesamt drei Beobachtungshütten stehen am Weg. Wir erkennen Enten, Gänse, Schwäne, Kiebitze, Kormorane und Reiher und wo unsere Artenkenntnis scheitert, helfen uns die bebilderten Informationstafeln in den Hütten. Sogar einen Storch dürfen wir dabei beobachten, wie er gravitätisch über die Weideflächen schreitet und nach Nahrung sucht. Doch auch ohne Tiere wäre die stille Landschaft aus offenen Flächen, Bäumen und Wasser ein Traum.

Ein Jahrhundertereignis

Die größte Attraktion der Bislicher Insel bekommen wir heute leider nicht zu Gesicht: das Seeadlerpärchen, das seit einigen Jahren hier lebt und im Sommer 2017 erstmals Junge bekommen hat – die erste bekannte Seeadlerbrut in Nordrhein-Westfalen seit Jahrhunderten. Der Seeadler, mit einer Spannweite von bis zu 2,60 Metern der größte europäische Greifvogel, liebt die Ruhe, Weitläufigkeit und das gute Nahrungsangebot auf

1 *Blässgans*

2 *Zwei Seeadler im Flug*

1

der Bislicher Insel. Die Jungtiere werden noch bis zum Herbst am Nest bleiben und sich dann ein eigenes Revier suchen.

Vielleicht kommen sie ja wieder. Wir bestimmt, beschließen wir bei einer kulinarischen Pause im Auen-Café – vielleicht in der kälteren Jahreszeit, wenn hier bis zu 25.000 arktische Gänse ihr Winterquartier beziehen.

Von der Aue in den Reichswald

Es ist früher Nachmittag, ein Ziel haben wir heute noch. Über die A 57 erreichen wir nach rund 40-minütiger Fahrt in Richtung Nordwesten den Klever Reichswald, mit einer Fläche von mehr als 5.100 Hektar das größte zusammenhängende Waldgebiet am Niederrhein. Hier war einst der „Heilige Wald" der germanischen Bataver, die sich vor rund 2.000 Jahren gegen die römischen Besatzer erhoben. Später jagten Kaiser, Könige und die Herzöge von Kleve im Reichswald.

Wie so viele andere Wälder wurde auch der Reichswald forstwirtschaftlich genutzt, weshalb heute nach wie vor schnell wachsende Kiefern und Fichten an zahllosen Stellen das Bild dominieren. Doch im Naturschutzgebiet Geldenberg gibt es noch ein paar naturnahe Wald-

UNTERKUNFT

Ein Bio-Hotel mit mehreren denkmalgeschützten Häusern, inmitten des historischen Ortskerns von Wachtendonk mit seinen malerischen Gassen, dem Kopfsteinpflaster und den Giebelhäusern des 17. und 18. Jahrhunderts. Kulturelle Attraktionen wie Schloss Moyland, Kloster Kamp oder Xanten, eine vielfältige Natur im Naturpark Maas-Schwalm-Nette – da bleibt kein Wunsch offen.

Bio-Hotel Flachshaus
Feldstraße 29
47669 Wachtendonk
Tel. 02836/84 94
www.hotel-flachshaus.de

bereiche, die sich als Naturwaldzellen weitgehend ohne menschlichen Einfluss entwickeln können. Hier sieht der Wald ganz anders aus, mit teilweise alten und wertvollen Buchen- und Eichenbeständen.

Auf den gut ausgebauten Waldwegen könnten wir vermutlich mehrere Tage unterwegs sein, ohne uns zu langweilen. Doch so langsam dämmert es, und wir wollen den Wald den zahlreichen tierischen Bewohnern überlassen, die hier ihre Heimat haben: Rehe, Rotwild, aber auch Kreuzotter und Schlingnatter oder Vogelarten wie Schwarzspecht, Waldkauz und Wespenbussard. Also ziehen wir uns respektvoll zurück – einen Fuchs und einen Habicht haben wir immerhin heute gesehen.

1 *Habicht*

2 *Die „Himmelsleiter"
im Reichswald*

Weitere Tipps

Wildgänse am Niederrhein

Wenn Anfang Oktober lautes Trompeten am Niederrhein erschallt, beginnt wieder ein beeindruckendes Naturschauspiel. Jahr für Jahr überwintern zwischen 150.000 und 230.000 arktische Wildgänse im Vogelschutzgebiet „Unterer Niederrhein". Der Höhepunkt des Gänsezugs liegt im Dezember und Januar. Dann halten sich rund 20.000 Tiere in der deutsch-niederländischen Kulturlandschaft „Düffel" auf. Seit dem Winter 1992/93 bietet die NABU-Naturschutzstation Niederrhein in Kranenburg zwischen Mitte November und Mitte Februar sogenannte „Gänsesafaris" an. Dabei werden die Tiere nicht gestört, wenn sie aus sicherer Entfernung mit dem Fernglas aus einem Bus beobachtet werden.

Die Mitfahrt ist nur mit Anmeldung möglich: Tel. 02826/918 76-00 oder über die Homepage *www.nabu-naturschutzstation.de -> Wildgänse -> Gänseexkursionen*.

Im Brachter Wald

Noch bis 1996 war der Brachter Wald ein Munitionsdepot der britischen Armee – das größte seiner Art in Westeuropa – und daher von der Außenwelt weitgehend isoliert. Wie fast immer auf solchen militärisch genutzten Flächen entwickelte sich hier, in einem Landschaftsmosaik aus Heiden und Wäldern auf Flugsanddünen, eine bemerkenswerte Artenvielfalt, mit Tierarten wie Heidelerche, Schwarzkehlchen, Ziegenmelker, Zauneidechse und Moorfrosch. Auch die Pflanzenausstattung ist beachtlich, mit Keulen-Bärlapp, Englischem Ginster oder Grauheide, die es in Deutschland nur hier gibt. Damit die offenen Heideflächen nicht wieder ver-

buschen, setzt die Biologische Station Krickenbecker Seen Gallowayrinder, Schafe, Damhirsche und eine kleine Herde aus Konik-Pferden zur Beweidung ein. Durch das Gebiet führen ein Radwanderweg und mehrere Wanderwege, die man wegen potenzieller militärischer Altlasten nicht verlassen sollte.

www.niederrhein-tourismus.de

Auf dem Naturschutzhof Nettetal

Mit dem Umbau eines alten Schweinestalls zu einem Informationsraum begann 1985 die Geschichte des NABU Naturschutzhofs Nettetal. Heute erleben Besucher hier auf einer Fläche von circa zwei Hektar eine Insel der Biotop- und Artenvielfalt mit kleinen Teichen und einem Bauerngarten, die zum Staunen, Fotografieren und Entspannen einlädt. Schautafeln über heimische Schmetterlinge und Fledermäuse, ein Blindenbeet, ein rollstuhlgerechter Hochteich sowie ein Apfelsorten- und ein Vogelnesterlehrpfad informieren über Schönheiten der Natur. Mehrere Premium-Radwanderwege durch den Naturpark Maas-Schwalm-Nette sowie das nebenan gelegene Landcafé Stemmeshof liefern weitere gute Argumente für einen Besuch in Nettetal.

www.nabu-krefeld-viersen.de
www.stemmeshof.de

Service

ANFAHRT
Navi Bislicher Insel
Bislicher Insel, Xanten

ÖPNV Bislicher Insel
Von Xanten mit der Buslinie
SL 40 bis Haltestelle „Beekscher
Weg", ab hier ca. 3 km Fußweg

Navi Reichswald
Grunewaldstraße, Goch

ÖPNV Reichswald
Der Startpunkt ist nur schwer
mit dem ÖPNV zu erreichen.

ADRESSEN
Niederrhein Tourismus GmbH
Willy-Brandt-Ring 13
41747 Viersen
Tel. 02162/81 79 03
www.niederrhein-tourismus.de

**Biologische Station
Krickenbecker Seen e. V.**
Krickenbecker Allee 17
41334 Nettetal
Tel. 02153/95 83 50
www.bsks.de
Öffnungszeiten Infozentrum:
April–Oktober Mi–So
11–18 Uhr, November–März
Mi–So 11–17 Uhr

**NABU-Naturschutzstation
Niederrhein**
Im Hammereisen 27 E
47559 Kranenburg
Tel. 02826/918 76-00
www.nabu-naturschutzstation.de
Öffnungszeiten: Mo–Fr
8.30–16.30 Uhr

NaturForum Bislicher Insel
Bislicher Insel 11
46509 Xanten
Tel. 02801/98 82 30
*www.metropoleruhr.de -> Freizeit
& Sport -> Natur erleben ->
Bislicher Insel*
Öffnungszeiten: April–Oktober
Di–So 10–18 Uhr, November–
März Di–So 10–17 Uhr

GASTRONOMIE
Auen-Café
Bislicher Insel 11
46509 Xanten
Tel. 02064/82 69 60
www.auencafe.de
Öffnungszeiten: Mai–Oktober
Di–So 10–18 Uhr, November–
April Sa, So 10–17 Uhr

Landcafé Stemmeshof
Sassenfeld 200
41334 Nettetal
Tel. 02153/895 01
www.stemmeshof.de
Öffnungszeiten: März–Oktober
Fr 14–19 Uhr, Sa 12–19 Uhr, So
10–19 Uhr, November–Februar
Sa 14–18 Uhr, So 10–18 Uhr

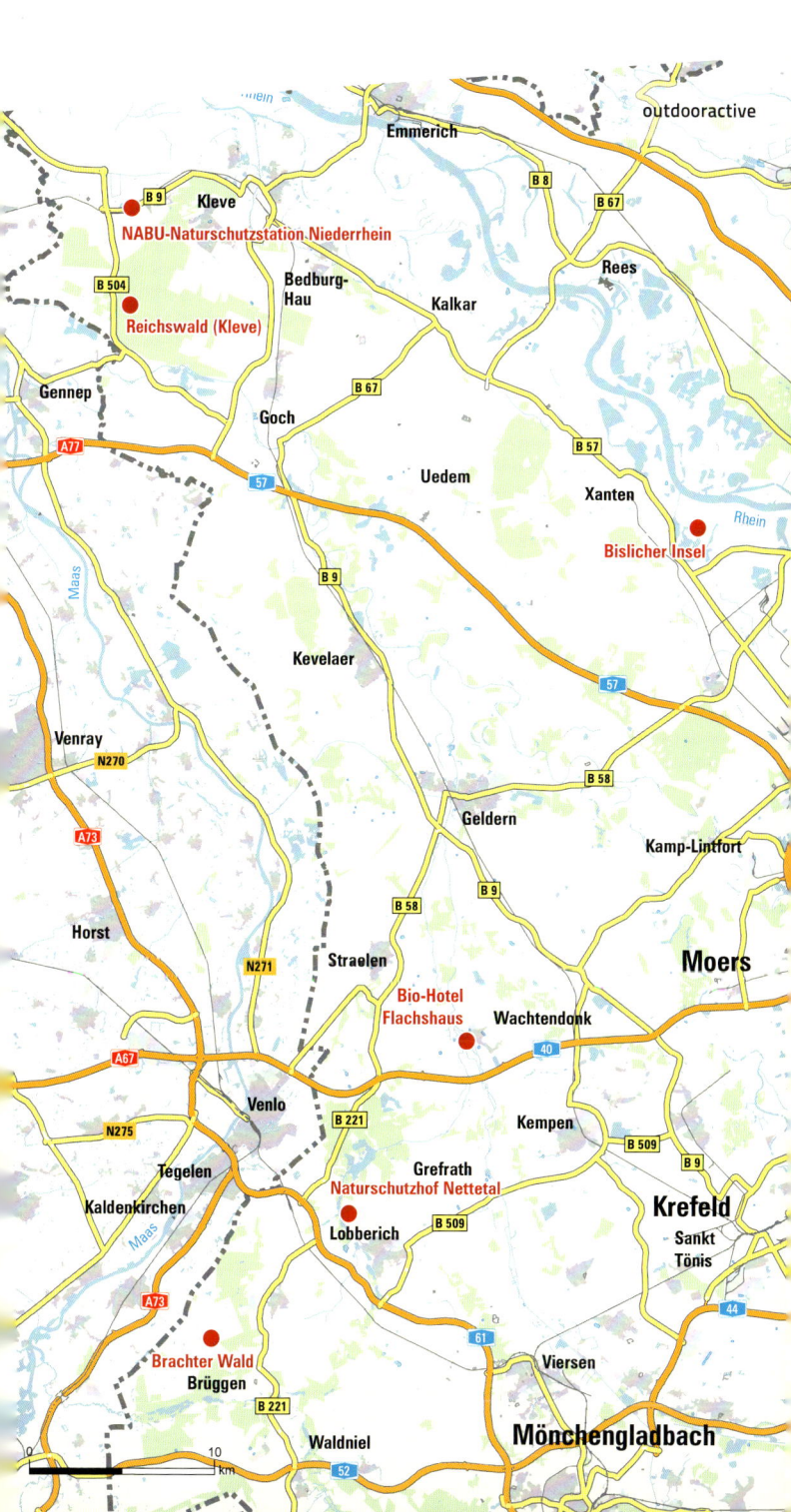

TOUR 11

Wilde Pferde, Radwege und Flamingos

Durch das Münsterland

Münster gilt als *die* Fahrradstadt in Deutschland. Dieser Ehrentitel ist ohne Frage verdient. Aber auch das gesamte, eher flache Münsterland ist mit einem rund 4.500 Kilometer langen Radwegenetz ausgestattet, das die klima- und umweltschonende Erkundung einer vielfältigen Kulturlandschaft zu einem echten Vergnügen macht. Die NaturGenussRoute (siehe Seite 171) ist da nur ein Beispiel unter vielen anderen.

Für Naturfreunde gibt es im Münsterland viel zu sehen. Etwa die Davert südlich von Münster: einst ein mythenumranktes Sumpf- und Heidegebiet, heute eine abwechslungsreiche Parklandschaft mit einer bemerkenswerten Artenvielfalt. In der Emmerbachaue weiden Konik-Pferde und Heckrinder – Nachfahren der Auerochsen. Insgesamt führt die NABU-Naturschutzstation Münsterland fünf Beweidungsprojekte rund um Münster durch, allein drei in der Emsaue bei Telgte. Hier, an einem vor mehreren Tausend Jahren entstandenen Altarm der Ems, sorgen wärme- und lichtliebende Pflanzen wie Heidenelke, Flockenblume oder Thymian in Frühjahr und Sommer für eine beinahe mediterrane Blütenpracht.

Einige Attraktionen des Münsterlandes sind auch im internationalen Vergleich einmalig. Im äußersten Westen, unweit der Grenze zu den Niederlanden, liegt das Zwillbrocker Venn. In diesem von Feuchtwiesen, Mooren und Heiden geprägten Gebiet hat sich die weltweit nördlichste Kolonie wild lebender Flamingos niedergelassen. Und im Merfelder Bruch bei Dülmen kann man die letzte verbliebene Wildpferdebahn auf dem europäischen Kontinent besuchen.

Flamingos im Zwillbrocker Venn

Bei den Wildpferden im Merfelder Bruch und durch die Davert

Die Wildpferdherde im Merfelder Bruch

Unsere erste Station ist eine kleine Reise in die Vergangenheit. Schließlich gab es noch zu Beginn des 19. Jahrhunderts in Westfalen mehrere sogenannte Wildbahnen, auf denen Pferde weitgehend wild lebten. Mit dem Anwachsen der Bevölkerung und dem Bau menschlicher Siedlungen verschwanden diese Wildbahnen jedoch im Verlauf der Jahrzehnte – bis auf eine.

Die Herzöge von Croy schufen den Wildpferden ein großes Reservat im Merfelder Bruch, circa zehn Kilometer westlich von Dülmen. Dort leben bis heute zwischen 350 und 400 Pferde auf einer Fläche von etwa 3,5 Quadratkilometern. Das Gelände aus Weide, Moor, Heidefläche, Birkengestrüpp, Nadel- und Eichenwald bietet abwechslungsreiche Nahrung sowie ausreichend Deckung und Schutz. Die robusten Tiere sind das ganze Jahr im Freien und sich selbst überlassen, ein dickes Winterfell schützt sie vor der Kälte. Lediglich bei strengem Frost wird mit Heu zugefüttert, das in der Wildbahn geerntet wurde. Und in besonders trockenen Sommern gibt es zusätzliches Wasser.

1 *Stute mit Fohlen*

2 *Hier wird nur in Ausnahmen zugefüttert.*

Tiefenentspannt

Nach der Anfahrt über einen langen Waldweg kommen wir an einen Parkplatz, auf dem nicht wenige Autos Platz hätten, der aber heute ziemlich leer ist. Das ist an einem besonderen Wochenende im Jahr ganz anders, aber dazu später mehr. Wenn wir wollten, könnten wir an den Tischen und Bänken in Ruhe picknicken, doch wir haben schon unser Ziel vor Augen. Vor uns liegt eine weitläufige Wiesenfläche, dahinter sehen wir die große Herde friedlich grasen. Auch ohne Pferde wäre der Merfelder Bruch ein schönes Ausflugsziel, aber so ist es natürlich noch besser. Wir nähern uns den Pferden, die sich offensichtlich nicht für uns interessieren und auch nicht betteln – das Fütterverbot scheint (weitgehend) eingehalten zu werden.

Wer wilde Jagden oder heftige Rangkämpfe erwartet hat, wird enttäuscht – obwohl so etwas sicher auch stattfindet. Die Tiere haben die Ruhe weg, dösen in der

2

Sonne, beschnuppern und beknabbern sich, futtern ab und zu mal frisches Gras oder trinken aus einer Wasserstelle. Lediglich die Fohlen können ihren Bewegungsdrang kaum bezähmen, suchen aber auch immer wieder Schutz bei der Mutter. Entspannt wie ein Dülmener Wildpferd sollte man sein ... wobei es sich streng zoologisch nicht um reine Wildpferde handelt, sondern um eine halbwilde Rasse. Die einzige echte europäische Wildpferderasse, das Przewalski-Pferd, lebt heute nur noch in Zoos und Reservaten.

Spektakel im Mai

Wir verabschieden uns von den Pferden und laufen entlang der Weide auf eine Arena zu. Hier findet einmal im Jahr ein großes Spektakel vor bis zu 15.000 Zuschauern

statt: Immer am letzten Maiwochenende wird die Herde zusammengetrieben, um die einjährigen Hengste zu fangen – per Hand. Ein waghalsiges Unterfangen für die jungen Cowboys aus dem Münsterland, schließlich wiegen die Pferde bis zu 300 Kilogramm und haben nicht die geringste Lust, angefasst zu werden und ein Halfter übergestreift zu bekommen.

Diese spektakuläre Aktion ist keine Show und kein Selbstzweck, sondern gilt als möglichst schonende Variante, um die natürliche Auslese zu ersetzen: Nur ein Deckhengst bleibt bei den Stuten der Herde. Würden mehrere Hengste bei der Herde bleiben, käme es zu Inzucht und gefährlichen Rangkämpfen. Die eingefangenen Hengste werden für bis zu 600 Euro versteigert und gelten, wenn sie erst einmal gezähmt sind, als robuste und zuverlässige Freizeitpferde.

Laut muss es hier sein, wenn die Hufe über die Weide und durch die Arena donnern, die Fänger vom Publikum angefeuert werden. Doch heute ist es still, bis auf das Hämmern der Spechte im dichten Wald links des Wegs. Wir werden sicher wiederkommen, vielleicht sogar an einem letzten Maiwochenende.

Durch die Davert

Wir wollen den Tag nutzen und noch eine weitere Attraktion des Münsterlandes besuchen. Nach rund 45-minütiger Fahrt mit dem Auto in Richtung Osten erreichen wir die Davert, eine parkähnliche Landschaft mit großen, miteinander verbundenen Waldflächen. Vom Parkplatz an der Kreuzung Ottmarsbocholter Straße/ Zum Klosterholz in Davensberg führt ein etwa 4,5 Kilometer langer Naturlehrpfad mit 16 Stationen durch das Gebiet. Der zauberhafte Rundweg bietet Abwechslung pur: In den verwunschenen Wäldern mit alten Eichen und Buchen haben Bussarde und Habichte ihre mächtigen Horste gebaut, hat der seltene Mittelspecht sein Refugium.

1 *Der Wildpferde-fang von Dülmen*

2 *Unheimliche Stimmung in der Davert*

3 *Mittelspecht*

UNTERKUNFT

Unweit der Davert liegt das Hotel Clemens August im historischen Ortskern von Davensberg. Hier kann man nicht nur gut schlafen, sondern auch die typische münsterländische Küche genießen, inklusive der hausgemachten Leberwurst. Für Familien sind das Vierbettzimmer oder das Apartment bestens geeignet, bei der Organisation von Leihfahrrädern hilft das Hotel gern.

Hotel Clemens August
Burgstraße 54
59387 Ascheberg-Davensberg
Tel. 02593/604-0
www.hotel-clemens-august.de

Urige Pferde und Rinder weiden in der Emmerbachaue, die mächtigen Brettwurzeln der hier noch mancherorts wachsenden Flatterulme erinnern an einen tropischen Urwald. Auf den offenen Flächen entdecken wir Kaisermantel, C-Falter und sogar den Schillerfalter und wissen jetzt, warum die Davert auch als „Schmetterlingswald" bezeichnet wird. Nur die Mücken, die in den feuchten Erlen- oder Birkenbruchwäldern eine ideale Brutstätte haben, sind keine wahre Freude. Aber schließlich wollten wir Natur

1 *Heidenelke*

2 *Erlenbruch in der Davert*

3 *Heckrinder in der Emsaue*

2

erleben – hier haben wir sie im Übermaß. Ein abwechs-
lungsreicher Tag geht zu Ende, wir sind angenehm ka-
putt. Wie gut, dass wir ganz in der Nähe mit dem Hotel
Clemens August ein Quartier gefunden haben, wo wir
im angeschlossenen Restaurant die regionale Küche des
Münsterlandes genießen können.

3

Weitere Tipps

Serengeti an der Ems

In den Emsauen bei Telgte lässt sich gut beobachten, welchen Segen menschliche Renaturierungsmaßnahmen für die Natur haben können. Nachdem der Fluss bis in die 1970er-Jahre kanalisiert und begradigt wurde, leitete man in den 1990er-Jahren die Trendwende ein: Altarme wurden wieder angeschlossen, durch die neu gewonnene Dynamik entwickelten sich Uferabbrüche, Sandbänke und Dünen. Heute ist die Emsaue bei Telgte ein Naturschutzgebiet von europäischem Rang und die Heimat von Eisvogel, Uferschwalbe und vielen seltenen Libellen- und Wildbienenarten. Konik-Pferde und Heckrinder fungieren hier in drei von der NABU-Naturschutzstation Münsterland betreuten Weidegebieten als tierische Landschaftspfleger. Mehrere Wanderwege führen durch das Gebiet, von einem Beobachtungsturm aus hat man einen schönen Blick auf die „Serengeti an der Ems".

www.muensterland-tourismus.de

Auf der NaturGenussRoute

Das Münsterland ist eine klassische Fahrradregion. Gemeinsam mit anderen Partnern hat die NABU-Naturschutzstation Münsterland deshalb eine rund 160 Kilometer lange NaturGenussRoute erarbeitet, auf der sich die Naturschätze des Münsterlandes – darunter auch die Emsauen und die Davert – entdecken und die kulinarischen Höhepunkte der Region auch erschmecken lassen. Dafür sorgen die ausgewählten Gastronomiebetriebe, die gemütlichen Bauernhofcafés und die zahlreichen Direktvermarkter entlang der Strecke.

www.naturgenussroute.de

(Nicht nur) Flamingos im Zwillbrocker Venn

Im Zwillbrocker Venn, direkt an der niederländischen Grenze, wurde früher Torf gestochen. Nach dem Ende des Torfabbaus füllten sich die Mulden allmählich mit Wasser. Heute bilden die Feuchtwiesen, Moor- und Heidelandschaften sowie ein flacher See ein echtes Vogelparadies, unter anderem mit der größten Lachmöwenkolonie im deutschen Binnenland. Doch die berühmteste Attraktion des Zwillbrocker Venns, vor allem zwischen April und Juni, sind die 40 bis 60 Flamingos, die jedes Jahr hier brüten. Woher die Tiere kommen, die Ende der 1970er-Jahre erstmals im Venn auftauchten, ist bis heute ungeklärt. Auf jeden Fall gefällt es ihnen hier gut, was vor allem an dem reichen Nahrungsangebot im flachen Wasser liegt. Der Möwenkot begünstig das Wachstum von Kleinstlebewesen. In der kälteren Jahreszeit zieht es

die Flamingos in mildere südholländische Winterquartiere – aber sie kommen immer wieder.

Insgesamt leben rund 100 Tierarten im Zwillbrocker Venn, neben zahlreichen Wasservögeln auch seltene Arten wie Moorfrosch, Moorlibelle und Waldeidechse. Ein Rundwanderweg sowie mehrere kleinere Pfade führen durch das Gebiet, das auch für Erkundungen mit dem Rad sehr gut geeignet ist. Im Besucherzentrum der Biologischen Station Zwillbrock, an der Straße Vreden-Groenlo, informiert eine interaktive Ausstellung über die Attraktionen des Zwillbrocker Venns und der umgebenden Kulturlandschaft. Gut schlafen und essen können Besucher des Zwillbrocker Venns im Hotel & Restaurant Kloppendiek in Vreden.
www.kloppendiek.de

Service

ANFAHRT
Navi Merfelder Bruch
Merfelder Bruch, Dülmen

ÖPNV Merfelder Bruch
Der Startpunkt ist nur schwer
mit dem ÖPNV zu erreichen.

Navi Davert
Zum Klosterholz, Davensberg

ÖPNV Davert
Von Münster mit der Eurobahn
bis Davensberg

ADRESSEN
Münsterland e. V.
Airportallee 1
48268 Greven
Tel. 02571/94 93 92
www.muensterland-tourismus.de

**NABU-Naturschutzstation
Münsterland**
Westfalenstraße 490
48165 Münster
Tel. 02501/971 94 33
www.NABU-Station.de

**Biologische Station
Zwillbrock e. V.**
Zwillbrock 10
48691 Vreden
Tel. 02564/98 60-0
www.bszwillbrock.de

GASTRONOMIE
Restaurant Clemens August
Burgstraße 54
59387 Ascheberg-Davensberg
Tel. 02593/604-0
www.hotel-clemens-august.de
Öffnungszeiten:
tägl. 11.30–21.30 Uhr

Restaurant Kloppendiek
Zwillbrock 8
48691 Vreden
Tel. 02564/91 20
www.kloppendiek.de
Öffnungszeiten: Mo–Fr
17–21 Uhr, Sa, So 12–21 Uhr

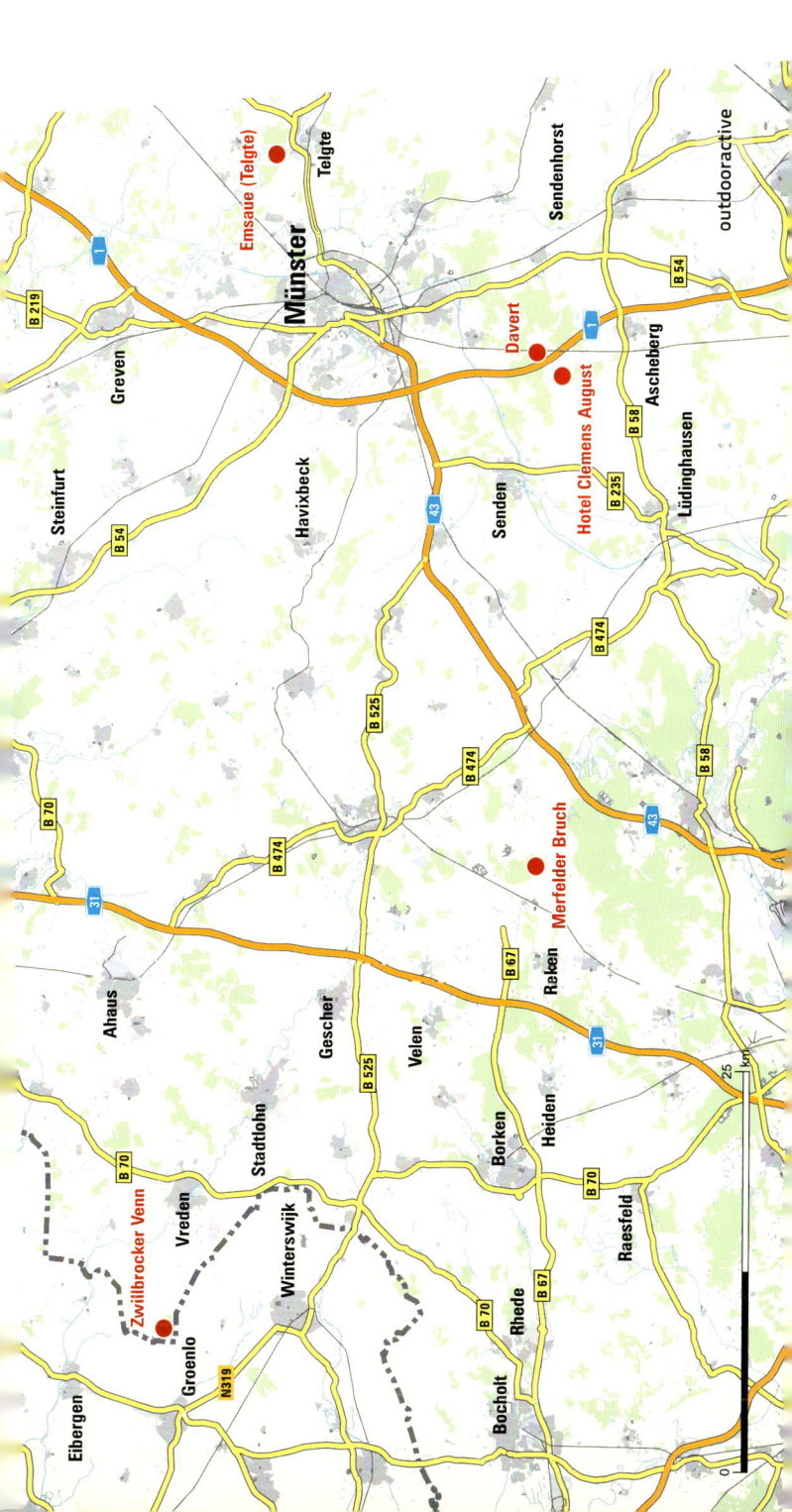

TOUR 12

Auf historischem Boden

Im Teutoburger Wald

Der Teutoburger Wald ist heute das ideale Reiseziel für Menschen, die gesund werden oder bleiben wollen. Das war nicht immer so: Einst wurde hier viel Blut vergossen, vor allem römisches, als im Jahr 9 n. Chr. die Germanen unter Arminius drei römische Legionen besiegten und so den Einfluss der Römer auf die südlichen Gefilde des heutigen Deutschlands beschränkten. Mittlerweile kann man sich im Teutoburger Wald mit natürlichen Heilmethoden sehr viel Gutes tun, in Kurbädern wie Bad Lippspringe, Bad Meinberg oder Bad Driburg.

Doch auch in Sachen Naturausstattung punktet der Teutoburger Wald mit herausragenden Attraktionen, selbst im globalen Maßstab. So wächst rund ein Viertel aller Rotbuchen auf unserem Erdball in Deutschland und der Teutoburger Wald hat einen außergewöhnlich hohen Anteil an naturnahen Buchen- und auch Eichenwäldern. Der Rotmilan, von dem mehr als 50 Prozent des weltweiten Bestands in Deutschland brüten, hat hier einen Verbreitungsschwerpunkt.

Insgesamt sind in den Heiden, Heidemooren, Bruchwäldern und Eichen-Buchen-Wäldern des Teutoburger Walds mehr als 5.000 Tier- und Pflanzenarten beheimatet, von denen über 1.000 auf der Roten Liste stehen – darunter höchst seltene Arten wie die Wildkatze oder der Schwarzstorch. Kein Wunder, dass es immer wieder Bestrebungen gibt, in der Senne – einer heute noch in Teilen militärisch genutzten abwechslungsreichen Landschaft mit Grünland und Äckern, Heiden und Sandmagerrasen, Bachläufen und Wäldern – den zweiten nordrhein-westfälischen Nationalpark einzurichten.

Moorfrosch im Großen Torfmoor

Rotmilan

Im Großen Torfmoor

Vielen von uns läuft immer noch ein leiser Schauer über den Rücken, wenn wir an Moore denken. In unserer Vorstellung sind das düstere, geheimnisvolle Landschaften, über denen der Nebel wabert und wo immer mal wieder Menschen spurlos verschwinden. Zugegeben, mitunter kann auch in der weitläufigen, nahezu baumlosen Landschaft des Großen Torfmoors eine unheimliche Atmosphäre herrschen, doch Angst vor dem Moor muss niemand haben. Im Gegenteil: Über Jahrhunderte wurde hier Raubbau an dem Moor betrieben, das Feuchtgebiet durch Torfabbau über weite Strecken zerstört und trockengelegt.

Erst in den 1970er-Jahren begann die Erkenntnis zu dämmern, dass es sich beim Großen Torfmoor – wie bei anderen Mooren auch – um einen potenziell extrem wertvollen Lebensraum für spezialisierte Tiere und Pflanzen handelt und um einen wichtigen Faktor beim Klimaschutz: Schließlich sind in intakten Mooren rund 30 Prozent aller Kohlenstoffvorräte der Welt gebunden.

Durch umfassende Renaturierungsmaßnahmen wurden die alten Entwässerungsgräben aufgestaut, das Moor wieder vernässt. Und seither kehren die moortypische Vegetation und viele seltene Tierarten wieder zurück. Das müssen wir uns ansehen.

Echtes Moorwetter

Eine Tour durch das Große Torfmoor beginnt am besten im NABU-Besucherzentrum Moorhus. Dort informieren wir uns in der Ausstellung über die wechselvolle Geschichte des Großen Torfmoors von seiner Entstehung bis heute. Ein kleiner Shop bietet Informationsmaterial, Bücher und Souvenirs, dort werden wir später noch mal vorbeischauen. An einem Sonntag im Monat werden im Café LeNa im Moorhus, in Kooperation mit der Lebenshilfe Lübbecke, Kaffee und Kuchen angeboten. Heute ist Samstag – Pech gehabt. Dafür sehen wir von der Aussichtsterrasse des Moorhus' Weißstörche und sogar einen Eisvogel, unsere Vorfreude wächst.

Durch das Moor führt ein rund sieben Kilometer langer Rundwanderweg, von dem der etwa drei Kilometer lange Moor-Erlebnis-Pfad abzweigt. Es liegen also ein paar Schritte vor uns, wir machen uns bei klassischem Moorwetter – Nebel, leichter Nieselregen – auf den Weg.

2

1 *Wollgras im Wind*

2 *Im Großen Torfmoor*

Schon früh warnen uns Schilder, den Pfad auf keinen Fall zu verlassen. Aus gutem Grund, denn wer vom vorgegebenen Weg abkommt, steht rasch bis zu den Knien im Sumpf.

Moorerlebnisse

Hinter dem Moorhus startet ein mit einem grünen Pfeil markierter Weg in Richtung Nordosten, dem wir folgen und dabei schon bald nach links abbiegen. Wir laufen weiter, nun weisen uns rote Pfeile den Weg. Am Parkplatz P1 biegen wir nach rechts ab. Der Weg ist jetzt mal breit und befestigt, mal führt ein Holzbohlenpfad über vernässte Bereiche, was vor allem unseren Kindern gut gefällt. Kurz vor der Abzweigung zum mit gelben Pfeilen markierten Moor-Erlebnis-Pfad erreichen wir den Nordturm – einen von drei Aussichtstürmen, der natürlich sofort bestiegen wird. Wie gut, dass der Himmel mittlerweile etwas aufgerissen ist, so haben wir einen wunderbaren Blick über das Moor, auf die Höhenzüge des Wiehengebirges und auf zahlreiche Enten und Gänse, die sich auf den offenen Wasserflächen tummeln.

Der Moor-Erlebnis-Pfad macht mit acht Stationen seinem Namen alle Ehre – mit dem fleischfressenden Sonnentau am Saum eines Bohlenwegs, tiefen Einblicken in die Innenwelt des Torfmooses, Heiden und Gräsern zum Anfassen und einer Torfstichkuhle mit Spaten, Torf-

1 Das Moorhus

2 Sonnentau

3 Streit zwischen zwei Wildgänsen

messer, Torfkarre und gestapeltem Torf. Der Höhepunkt, vor allem für die Kinder, ist eine „Bademoorkuhle". Während wir älteren Semester uns darüber informieren, was Bademoor Gutes für unsere müden Knochen bewirken kann, ziehen unsere jüngeren Begleiter ihre Schuhe und Strümpfe aus und waten mit den Füßen im Moormatsch. Keine Sorge: Dank einer Wasserpumpe kann der Weg mit sauberen – und warmen – Füßen fortgesetzt werden.

3

Besuch bei der Moorleiche

Zurück auf dem Rundwanderweg sehen wir bald links von uns den NABU-Moorschutzhof – seit dem Jahr 2000 die Heimat einer Herde von Moorschnucken, die im Großen Torfmoor die Birken und Heiden kurz hält und so für eine hochmoortypische Landschaft sorgt. Noch einmal steigen wir auf einen Turm, den Westturm, und genießen den Anblick eines zunehmend intakten Moores vor sanften Hügeln, den es so in Deutschland nur an wenigen Orten geben dürfte.

UNTERKUNFT

Das integrative Gästehaus „Alte Lübber Volksschule" bietet in den Räumen eines mehr als 100 Jahre alten Schulgebäudes eine ebenso stilvolle wie preiswerte Übernachtungsmöglichkeit und ist, nur wenige Kilometer westlich von Lübbecke gelegen, ein guter Ausgangspunkt für Touren in die Region. Zum Konzept des Hauses gehören auch Begegnungen zwischen den Generationen, von Menschen unterschiedlicher sozialer und kultureller Herkunft sowie mit und ohne Behinderungen.

Alte Lübber Volksschule
Integratives Gästehaus im Mühlenkreis
Hauptstraße 165
32479 Hille-Oberlübbe
Tel. 05734/70 66
www.alte-luebber-volksschule.de

Viel haben wir auf unserer Wanderung gesehen, aber längst nicht alles: nicht die verborgen lebenden Bekassinen oder die kleinen Moorfrösche, die hier vergleichsweise zahlreich vorkommen und deren Männchen ihren großen Auftritt zur Paarungszeit haben, wenn sie eine leuchtend blaue Farbe annehmen. Die schauen wir uns jetzt in Ruhe als Präparate in der Ausstellung an. Pflanzen wie der Wasserschlauch, die Rosmarinheide oder die Moosbeere sind auf hohen Glaswänden abgebildet. Wir erhalten hilfreiche Anregungen, wie wir im Garten künftig auch ohne den wertvollen Torf auskommen, und für ein abschließendes Raunen sorgt die „lebensechte" Nachbildung einer Moorleiche.

Im Westfälischen Storchenmuseum

Nur gut eine halbe Stunde Fahrtzeit vom Großen Torfmoor entfernt liegt unser zweites Ziel, das Westfälische Storchenmuseum in Petershagen-Windheim. Es steht für eine Erfolgsgeschichte des Naturschutzes, denn vor nicht allzu langer Zeit waren die Weißstörche aus dem Kreis Minden-Lübbecke beinahe vollständig verschwunden. Seit den 1980er-Jahren haben die NRW-Stiftung Naturschutz, Heimat- und Kulturpflege und das Aktionskomitee „Rettet die Weißstörche im Kreis Minden-Lübbecke" viel Geld und Arbeit investiert, um die Lebensräume dieser großen Schreitvögel – feuchtes Grünland, schonend bewirtschaftete Wiesen und Weiden – zu schützen und zu pflegen. Mit beträchtlichem Erfolg: Im Sommer 2017 zogen hier 65 Brutpaare 135 Jungtiere auf – Rekord!

Diese Erfolgsgeschichte können wir im Museum gut nachverfolgen. Wir erfahren, wie Weißstörche leben, wohin sie im Winter ziehen und warum die Weseraue und die Bastauwiesen in der Region ideale Standorte für Meister Adebar sind. Filme, Cartoons und Hörstationen sind ebenfalls Bestandteile einer höchst lebendigen Ausstellung, in deren Mittelpunkt ein mächtiges Storchennest steht, das einst auf dem Schornstein der alten Molkerei in Döhren thronte. Wir freuen uns sehr darüber, dass die Glücksbringer wieder zurück sind im Kreis Minden-Lübbecke, und schließen unseren Tag im direkt benachbarten Café No2 ab. Die besondere Atmosphäre dieses mehr als 300 Jahre alten Fachwerkhauses liefert das ideale Ambiente für selbst gebackenen Kuchen und andere Leckereien und die Kinder sind auf dem Storchenspielplatz mit Stelzen-Weg, Matschanlage, Wackelplatte und Nestschaukel wunschlos glücklich.

Ausstellung im Westfälischen Storchenmuseum

Schottische Hochlandrinder in der Windheimer Marsch

Weitere Tipps

In der Weseraue

Im äußersten Norden von NRW, zwischen Petershagen und Schlüsselburg, liegt mit der Weseraue ein Vogelschutzgebiet von internationaler Bedeutung. Die Weser und ihre benachbarten, durch Kiesabbau entstandenen Stillgewässer ziehen vor allem Wintergäste an: nordische Bläss- und Saatgänse, Sing- und Zwergschwäne, Gänse- und Zwergsäger. Zu den regelmäßigen Brutvögeln gehören seltene Arten wie Rohrweihe, Kiebitz, Flussregenpfeifer und die Flussseeschwalbe. Vier Rundwege führen durch das Gebiet – besonders zu empfehlen ist der Rundweg Windheim, mit seinen Schottischen Hochlandrindern und Konik-Pferden, die für die Erhaltung einer offenen Auenlandschaft sorgen. Von einer zentral gelegenen Beobachtungshütte aus hat man einen schönen Blick über die Windheimer Marsch.

www.weseraue.de

Wanderungen in der Senne

Die miteinander verzahnten Lebensräume der Senne und des Teutoburger Walds bilden mit ihren Buchen- und Mischwäldern, trockenen und feuchten Heideflächen sowie den oft naturnahen Sandbächen die ideale Kulisse für eine herausragende Landschafts- und Artenvielfalt. Im Rahmen eines von Bund, Land und den angrenzenden Kommunen durchgeführten Naturschutzgroßprojekts wurden mit dem Eidechsenpfad, dem Furlbachpfad, dem Dünenpfad, der Ochsentour und dem Holzweg/Baumartenpfad fünf Erlebniswege eingerichtet. Alle Wege lohnen sich – wer allerdings einen Eisvogel sehen möchte, sollte auf dem Furlbachpfad mit seinen alten Buchen, Mooren und Heideflächen sein Glück versuchen.

www.teutoburgerwald.de

Service

ANFAHRT

Navi Großes Torfmoor/ Moorhus: Frotheimer Straße 57a, Lübbecke

ÖPNV Großes Torfmoor/ Moorhus: von Minden und Lübbecke mit der Buslinie 512 bis Haltestelle „Eilhausen an der Wassermühle", von dort zu Fuß gut 2 km auf der Eichholzer Straße Richtung Norden

Navi Storchenmuseum: Im Grund 4, Petershagen-Windheim

ÖPNV Storchenmuseum: Das Museum ist nur schwer mit dem ÖPNV zu erreichen.

ADRESSEN

Teutoburger Wald Tourismus
Turnerstraße 5-9
33602 Bielefeld
Tel. 0521/967 33-25
www.teutoburgerwald.de

Biologische Station Minden-Lübbecke e. V.
Nordholz 5
32425 Minden
Tel. 05704/16 77 68-0
www.biostation-ml.de

NABU-Besucherzentrum Moorhus
Frotheimer Straße 57a
32312 Lübbecke
Tel. 05741/240 95 05
www.moorhus.eu

Öffnungszeiten: April–September Mi–Sa 14–18 Uhr, So, Feiertage 11–18 Uhr, Oktober–März Mi–Sa 14–17 Uhr, So, Feiertage 11–17 Uhr, Dezember geschlossen, Januar nur Sa, So
Eintritt Ausstellung: Erwachsene 2,50 €, Kinder 1 €

Westfälisches Storchenmuseum
Im Grund 4
32469 Petershagen-Windheim
Tel. 05705/958 67 71
www.stoerche-minden-luebbecke.de
-> Westfälisches Storchenmuseum
Öffnungszeiten: Do, Fr 14–18 Uhr, Sa, So, Feiertage 11–18 Uhr
Eintritt: Erwachsene 3 €, Kinder 1 €

GASTRONOMIE

Café LeNa
Frotheimer Straße 57a
32312 Lübbecke
Tel. 05741/240 95 05
www.moorhus.eu
Öffnungszeiten: unregelmäßig So 14–16.30 Uhr, Termine siehe Website

Café No2 – Hofcafé in Windheim
Im Grund 4
32469 Petershagen-Windheim
Tel. 05705/95 85 80
www.windheimno2.de
Öffnungszeiten: Fr 14–18 Uhr, Sa, So, Feiertage 11–18 Uhr Mi–Fr 11–16 Uhr, Sa 11–17 Uhr, So 10–17 Uhr